1.1 Projekt: Wir frühstücken gemeinsam

Auswertung der Ergebnisse ⑥
Was hat uns besonders gefallen?
Was können wir noch besser machen?

Darstellung des Projekts ⑤
Zusammenfassung auf Plakaten, auf einer Wandzeitung oder in Form einer Broschüre, evtl. Verkaufsstand für die Pausensnacks, …

Gliederung des ausgewählten Themas ③
Einteilung in Kleingruppen,
Beispiel: Frühstück
- Lebensmittelauswahl
- Tischdecken, Servieren
- Verhaltensregeln
- Zubereitung der Speisen und Getränke
- Einkauf, Einladungen, …

Informationsphase ②
Beschaffung von Informationsmaterial und Rezepten,
Sammeln von Verhaltensregeln,
Einladung von Gästen, …

Auswahl eines Projektthemas ①
Was interessiert uns?
Beispiele:
- Sonderkommission Ernährung
- Erstellen von Flyern
- Ess- und Trinkkultur
- ?

Durchführung des Projekts ④
Auswertung des Informationsmaterials,
Herstellung von Speisen und Getränken,
gemeinsame Einnahme des Frühstücks,
Beobachtung des Essverhaltens,
Überprüfung der aufgestellten Regeln

Wegweiser:
- ③ Gliederung des Themas
- ② Informationsphase
- ① Auswahl eines Projektthemas
- ⑥ Auswertung der Ergebnisse
- ⑤ Darstellung des Projekts
- ④ Durchführung des Projekts

1. Nummeriere die einzelnen Schritte bei einem Projekt nach ihrer richtigen Reihenfolge. Trage die Nummern ein.

2. Übertrage die Überschriften der einzelnen Tafeln in die Schilder am Wegesrand.

3. Je genauer ein Projektthema gegliedert ist, umso leichter lässt es sich erarbeiten, z. B. Frühstück:

   Was gibt es zu essen und zu trinken?

   Wie viel Personen nehmen teil?

   Tischsitten, was ist da wichtig?

   Wer gestaltet das Rahmenprogramm: Tischdecken, Verhaltensregeln?

   Wer übernimmt den Einkauf? usw.

4. Formuliere ein Projektthema, das durchgeführt werden soll.

1.2 Magersucht – Internetrecherche

Datum:

1. **Gib die Suchbegriffe Magersucht und BMI in eine Suchmaschine ein. Ermittle, bei welchem BMI Magersucht beginnt.**

   Magersucht beginnt bei dem BMI 17,5.

2. **Suche im Internet eine Begriffserklärung für Magersucht.**
   a) Welche Begriffe gibst du dazu in die Suchmaschine ein?

   Magersucht Begriffserklärung

   b) Fasse die gefundenen Informationen zusammen.

   Magersucht ist eine schwerwiegende Essstörung, bei der sich der Betroffene in einigen Fällen buchstäblich zu Tode hungert. Selbst wenn sie bereits erhebliches Untergewicht aufweisen, halten die Betroffenen sich für übergewichtig.

3. **Ermittle vier Hauptkennzeichen der Magersucht.**

   Kontrollieren ihr Gewicht ständig. Betreiben übermäßig Sport.

   Haare und Nägel werden brüchig.

   Konzentrationsfähigkeit ebenso wie die allgemeine Leistungsfähigkeit nehmen ab.

4. **15 % der Magersüchtigen sterben. Ermittle drei hauptsächliche Todesursachen.**

   Plötzlicher Herztod, Nierenversagen, Selbstmord

5. **Suche im Internet nach Hilfsangeboten für Magersüchtige. Drucke ein Hilfsangebot aus, das Magersüchtige an deinem Wohnort nutzen können.**

6. **Schreibe einen Brief an eine Magersüchtige, die dich um Hilfe gebeten hat.**

   unterschiedliche Texte

1.3 Ernährungsgewohnheiten werden anerzogen

Datum:

Lies die Fallbeispiele.

Will denn keiner mehr den Rest?

Frau P. hat sich besonders viel Mühe gemacht. Sie hat liebevoll den Tisch gedeckt und sich bemüht, die Lebensmittelauswahl vielseitig zu gestalten, damit für jeden das Richtige dabei ist. Endlich sitzt die ganze Familie am Frühstückstisch: Herr und Frau P., der dreijährige Olaf und der fünfjährige Steffen. Alle freuen sich auf ein gemütliches Frühstück, doch als Frau P. das Müsli austeilt, kündigen sich Meinungsverschiedenheiten an. Herr P. zieht die Stirn kraus und erklärt: „Immer dieses Körnerfutter ... , ich bin doch kein Huhn!" Steffen stimmt sofort in den Chor ein. Alle Einwände von Frau P., wie gesund Müsli aufgrund seiner Inhaltsstoffe sei, können die beiden nicht umstimmen. Herr P. beharrt auf seinem Standpunkt wie eh und je, und Steffen handelt genauso. Frau P. ist hilflos und findet sich schließlich mit der Situation ab.

Sie stellt das Rührei auf den Tisch, das von allen gern genommen wird. Als ein kleiner Rest bleibt, fragt sie: „Wer nimmt denn noch das bisschen? Da lohnt sich das Aufwärmen doch wirklich nicht!" Herr P. und Steffen teilen sich das Rührei. Anschließend langen alle noch gut bei Brot und Aufschnitt zu. Auch von der selbst gemachten Konfitüre probiert jeder, und Frau P. freut sich, dass es allen so gut schmeckt. Am Ende bleibt eine Scheibe Geflügelwurst vom Aufschnitt übrig. „Na, und wer nimmt wohl noch die Scheibe?", fragt Frau P., „Reste müssen aufgegessen werden, sonst gibt es schlechtes Wetter – das hat auch schon meine Mutter gesagt. Außerdem lohnt sich das Aufheben nicht, und wegwerfen kann ich sie doch auch nicht – bei so vielen hungernden Menschen in der Welt ...!" Sie legt Steffen die Scheibe mit den Worten auf den Teller: „Du darfst sie auch ohne Brot essen, damit du groß und stark wirst und morgen die Sonne wieder scheint." Obgleich Steffen erklärt, dass er satt ist, isst er die Wurst schließlich auf.

Beeilt euch! – Sonst kommt ihr zu spät!

Frau und Herr K. sind beide berufstätig. Spätestens wenn ihre Kinder, die sechsjährige Mirja und der siebenjährige Kay, aufstehen, beginnen die Schwierigkeiten. Mirja blockiert regelmäßig das Bad, vor dem Kay dann ungeduldig und nörgelnd wartet.

Herr K. versucht sich aus den allmorgendlichen Streitereien seiner Kinder herauszuhalten – sie stören ihn zwar, aber er ist mit seinen Gedanken schon bei der Arbeit und ohnehin spät dran ... Immer häufiger antwortet er seiner Frau auf die Aufforderung, doch richtig zu frühstücken: „Lass doch – ich kriege sowieso nichts runter. Gib mir nur einen Kaffee!"

Und dann die Kinder! ... Mittlerweile ist wenigstens Kay im Bad – aber ehe der fertig ist ... Und Mirja trödelt wieder! ... „Kinder, seht zu! – Ihr kommt sonst zu spät zur Schule!" Mutter seufzt, fürs Frühstück bleibt wieder kaum Zeit. Mirja kommt endlich herunter und beginnt gleich zu maulen: „Ist Vati schon weg? Er hat nicht einmal tschüs gesagt!" Mutter: „Er hatte es heute besonders eilig. Setze dich und frühstücke – ihr seid ohnehin schon knapp mit der Zeit." Mirja sieht auf das mit Konfitüre bestrichene Brot und verzieht die Mundwinkel: „Schon wieder Erdbeerkonfitüre ..., ich habe gar keinen Appetit." Kay stürmt in die Küche. Er schaut seiner Mutter über die Schulter. „Mutti, ich mag heute kein Frühstück. Heiße Milch mag ich sowieso nicht, und außerdem schreiben wir in der 1. Stunde eine Mathearbeit, und viel zu spät ist es auch schon." Er greift seine Schultasche und fordert Mirja auf, sich zu beeilen. Die lässt sofort ihr halb gegessenes Brot liegen und will sich mit ihrem Bruder auf den Schulweg machen, als ihre Mutter sie kurz aufhält, um beiden wenigstens etwas Geld mitzugeben, von dem sie sich in der Pause etwas zu essen kaufen sollen.

Spätestens in der ersten großen Pause sieht man Mirja und Kay dann am Kiosk, wo sie sich Kuchen und Limonade kaufen.

Auswertungsbogen für die Fallbeispiele

Datum:

Liegt ein Ernährungsfehlverhalten vor? Wenn ja, welcher Art und bei wem?

_____
_____
_____
_____

Durch wen wird dieses Fehlverhalten verursacht?

_____

Durch welche äußeren Bedingungen oder Verhaltensweisen wird dieses Fehlverhalten ausgelöst oder verstärkt?

(Unterschiedliche Antworten, je nach Fallbeispiel, sind möglich.)

_____
_____
_____
_____
_____

Entsteht eine gesundheitliche Gefahr durch dieses Verhalten?

_____
_____
_____

Durch welche äußeren Bedingungen oder Verhaltensweisen kann dieses Fehlverhalten abgebaut und ein gesundes Ernährungsverhalten verstärkt werden?

_____
_____
_____
_____
_____
_____

1.4 Wir erforschen Gründe für die Lebensmittelauswahl

Datum:

Für die Lebensmittelauswahl sind entscheidend
der Genusswert,
der Gesundheitswert,
der Eignungswert,
der ökologische Wert (Umwelt),
der psychologische Wert,
der soziokulturelle Wert (Gesellschaft),
der politische Wert.

1. Ordne je einen Begriff dem Einkaufsverhalten der verschiedenen Personen zu.
   Manfred und Sabine?
   Peter? usw.

2. Schreibe Lebensmittel auf, die im Einkaufswagen von Manfred und Sabine, Peter usw. liegen.

Umfrage im Supermarkt

Können Sie uns sagen, was für Ihre Lebensmittelauswahl entscheidend ist?

Sabine und Manfred: Wir haben heute Freunde zum Abendessen eingeladen. Wir wollen es bei dem herrlichen Wetter so recht im Garten genießen. Das Essen für uns und unsere Freunde soll schmecken und gut aussehen. Diese Speisen und Getränke werden sicher mit zur guten Stimmung beitragen.

Grund für die Lebensmittelauswahl: _____

Genusswert

Ausgewählt haben Sabine und Manfred: _____

(Unterschiedliche Antworten sind möglich)

Peter: Ich möchte durch meinen Einkauf die Umwelt möglichst wenig belasten. Wenn verpackte Lebensmittel, dann nur umweltfreundliche. Sehen Sie sich doch mal diesen Joghurt an. Die Lebensmittel müssen außerdem in der Gegend erzeugt sein. Wie viel Energie wird für den Transport von unreif geernteten Früchten aus anderen Erdteilen benötigt, ganz zu schweigen von der Umweltbelastung durch Abgase. Die Lebensmittel müssen auch umweltfreundlich angebaut bzw. erzeugt werden, Massentierhaltung, Einsatz von Pflanzenschutzmitteln, nein danke!

Grund für die Lebensmittelauswahl: _____

Ökologischer Wert

Ausgewählt hat Peter: *(Region,*

Jahreszeit, ökologischer Anbau –

unterschiedliche Antworten sind möglich)

Jan: Meine Großeltern sind durch falsche Ernährung erkrankt. Ich möchte mich gesund ernähren. Ich achte nun darauf, dass die Lebensmittel nicht zu viel Zucker, Fett, Energie oder Salz enthalten. Viel Ballaststoffe, Vitamine und Mineralstoffe sollen dagegen vorhanden sein. Die Lebensmittel sollen eine hohe Dichte essenzieller Nährstoffe haben …

Reporter: Können Sie das für mich verständlicher erläutern?

Jan: Ganz einfach! Gesund ernähren Sie sich, wenn Sie den Ernährungskreis beachten.

Grund für die Lebensmittelauswahl: _____

Gesundheitswert

Ausgewählt hat Jan: _____

Vollkornprodukte, Obst,

Gemüse, Hülsenfrüchte,

Milch, Milchprodukte

Einführung

Anna: Ich bin berufstätig. Ich lebe in einem Single-Haushalt. Ich achte beim Einkauf auf kleine Portionen und schnelle Zubereitung. Mit einem großen Braten kann ich nichts anfangen. Der Preis muss natürlich auch stimmen. Außerdem bevorzuge ich Rezepte aus der schwäbischen Küche, da müssen die Kartoffeln eher mehlig sein.

Grund für die Lebensmittelauswahl:

Eignungswert

Ausgewählt hat Anna: Tiefkühl-Fertiggericht, „kleiner Salat" usw.

Simone: Es gibt viel Hunger und Elend auf der Welt. Sehen Sie, diese Früchte wurden für uns in Afrika geerntet, obwohl es dort viele Menschen gibt, die nicht genug zu essen haben. Futtermittel für unsere Tiere werden ebenfalls in Entwicklungsländern angebaut, obwohl bei uns Lebensmittel im Überschuss vorhanden sind. Politiker könnten da sicher etwas tun, aber auch ich möchte durch mein Einkaufsverhalten mithelfen, die Not in den Entwicklungsländern zu mindern.

Grund für die Lebensmittelauswahl:

Politischer Wert

Ausgewählt hat Simone: (z.B. Kaffee „Direktverkauf", Lebensmittel aus der Region)

Mustafa: Ich achte bei der Auswahl der Lebensmittel darauf, dass kein Schweinefleisch darin ist. Unsere Kultur ist entscheidend für mein Einkaufsverhalten. Für türkische Gerichte benötige ich auch viel Gemüse, … **Mirjam:** Ich bin Vegetarierin, da passe ich sogar noch mehr auf. Auch ich habe meine Ernährungsgewohnheiten von meinen Eltern übernommen.

Grund für die Lebensmittelauswahl:

Soziokultureller Wert

Ausgewählt haben Mustafa und Mirjam:

Obst, Gemüsesorten, türkische Spezialitäten

Datum:

Markus: Es gibt bestimmte Lebensmittel, z.B. Grünkohl, die ich nicht mag. Ich werde also bestimmt keinen Grünkohl kaufen. Es gibt jedoch viele andere Gemüsesorten, die ich sehr gerne esse. Beim Einkauf versuche ich auch, möglichst die Werbung zu vergessen. Die Werbung versucht unsere Meinung zu beeinflussen, sie sagt z.B.: „Kinder …, so gesund", „Kinder freuen sich über …", „Reich an Vitaminen" usw. Gesund sind aber ganz andere Lebensmittel, für die nicht geworben wird.

Grund für die Lebensmittelauswahl:

Psychologischer Wert

Ausgewählt hat Markus:

(Unterschiedliche Antworten sind möglich)

3. Berichte über eigene Überlegungen bei der Lebensmittelauswahl.

(Unterschiedliche Antworten sind möglich)

4. Stelle eine Rangordnung für die verschiedenen Gründe bei der Lebensmittelauswahl auf. Begründe die Entscheidung.

(Unterschiedliche Antworten sind möglich)

1.5 Energiebedarf

Datum:

Wir ermitteln den unterschiedlichen Energiebedarf verschiedener Personen.

1. Vergleiche die Personen auf den Abbildungen: Was machen sie?

2. Schreibe jeweils darunter, wer von beiden den höheren Energiebedarf hat.

3. Schreibe jeweils eine Begründung dazu.

Den höheren Energiebedarf hat   der Junge links.

Begründung: Der Energiebedarf sinkt mit zunehmendem Alter.

Den höheren Energiebedarf hat   das Mädchen rechts.

Begründung: Der Energiebedarf steigt mit zunehmender Körpergröße.

Den höheren Energiebedarf hat   das Mädchen rechts.

Begründung: Der Energiebedarf steigt mit zunehmender körperlicher Aktivität.

Den höheren Energiebedarf hat   der Junge links.

Begründung: Jungen bzw. Männer haben einen höheren Energiebedarf als Mädchen bzw. Frauen.

Den höheren Energiebedarf hat   der Junge links.

Begründung: Der Energiebedarf steigt bei Kälte. Wärme wird zur Regulation der

Körpertemperatur benötigt.

Einführung

1.6 Rätselhaftes zum Thema Energiebedarf

Datum:

Gesuchte Begriffe

1. Durch das … wird der Grundumsatz beeinflusst.
2. Durch das … wird der Grundumsatz ebenfalls beeinflusst.
3. Auch durch die … wird der Grundumsatz bestimmt.
4. Durch die … wird der Leistungsumsatz besonders gesteigert.
5. Auch durch die … wird der Leistungsumsatz gesteigert.
6. Die … bestimmt ebenfalls den Leistungsumsatz.
7. Petra treibt regelmäßig Sport, sie hat einen hohen … .
8. Der Gesamtenergiebedarf setzt sich zusammen aus … und … .
9. Der Grundumsatz pro Tag beträgt etwa 100 kJ je … Körpergewicht.
10. Lehrer und Schüler sind keine … .
11. Beträgt die Raumtemperatur nur 18 °C, so … der Leistungsumsatz.
12. 25 % des Grundumsatzes werden für das … benötigt.
13. … steuern den Grundumsatz.
14. Ist die Energieaufnahme höher als der Energiebedarf, so kommt es zu einer … Energiebilanz.
15. Der Leistungsumsatz bei Arbeit und Bewegung ist in den letzten Jahren stark … .
16. … ist eine Freizeitbeschäftigung mit einem hohen Energieverbrauch.

1. A L T E R
   8 25 5 22 14

2. G E S C H L E C H T
   23 22 19 9 11 25 22 9 11 5

3. K O E R P E R O B E R F L A E C H E
   12 20 22 14 4 22 14 20 21 22 14 10 25 8 22 9 11 22

4. A R B E I T S L E I S T U N G
   8 14 21 22 24 5 19 25 22 24 19 5 18 26 23

5. W A E R M E R E G U L A T I O N
   6 8 22 14 3 22 14 22 23 18 25 8 5 24 20 26

6. V E R D A U U N G
   15 22 14 1 8 18 18 26 23

7. F R E I Z E I T U M S A T Z
   10 14 22 24 7 22 24 5 18 3 19 8 5 7

8. G R U N D U M S A T Z
   23 14 18 26 1 18 3 19 8 5 7

   L E I S T U N G S U M S A T Z
   25 22 24 19 5 18 26 23 19 18 3 19 8 5 7

9. K I L O G R A M M
   2 24 25 20 23 14 8 3 3

10. S C H W E R A R B E I T E R
    19 9 11 6 22 14 8 14 21 22 24 5 22 14

11. S T E I G T
    19 5 22 24 23 5

12. G E H I R N
    23 22 11 24 14 26

13. H O R M O N E
    11 20 14 3 20 26 22

14. P O S I T I V E N
    4 20 19 24 5 24 15 22 26

15. G E S U N K E N
    23 22 19 18 26 12 22 26

16. S C H W I M M E N
    19 9 11 6 24 3 3 22 26

Lösung: I S S   D A S   R I C H T I G E
24 19 19   1 8 19   14 24 9 11 5 24 23 22

1.7 Normalgewicht – die ideale Figur?

Datum:

1. Schreibt auf Karten:

2. Wertet die Kartenbefragung aus.

3. Ermittelt eure Körpergröße und euer Körpergewicht.

4. Ermittelt mithilfe der Abbildung euren BMI (Body-Mass-Index). Markiere deine Größe und dein Gewicht auf der jeweiligen Skala. Verbinde beide Punkte durch eine Linie. Wie groß ist dein BMI?

5. Vergleicht eure eigene Einschätzung mit dem Ergebnis des BMI.

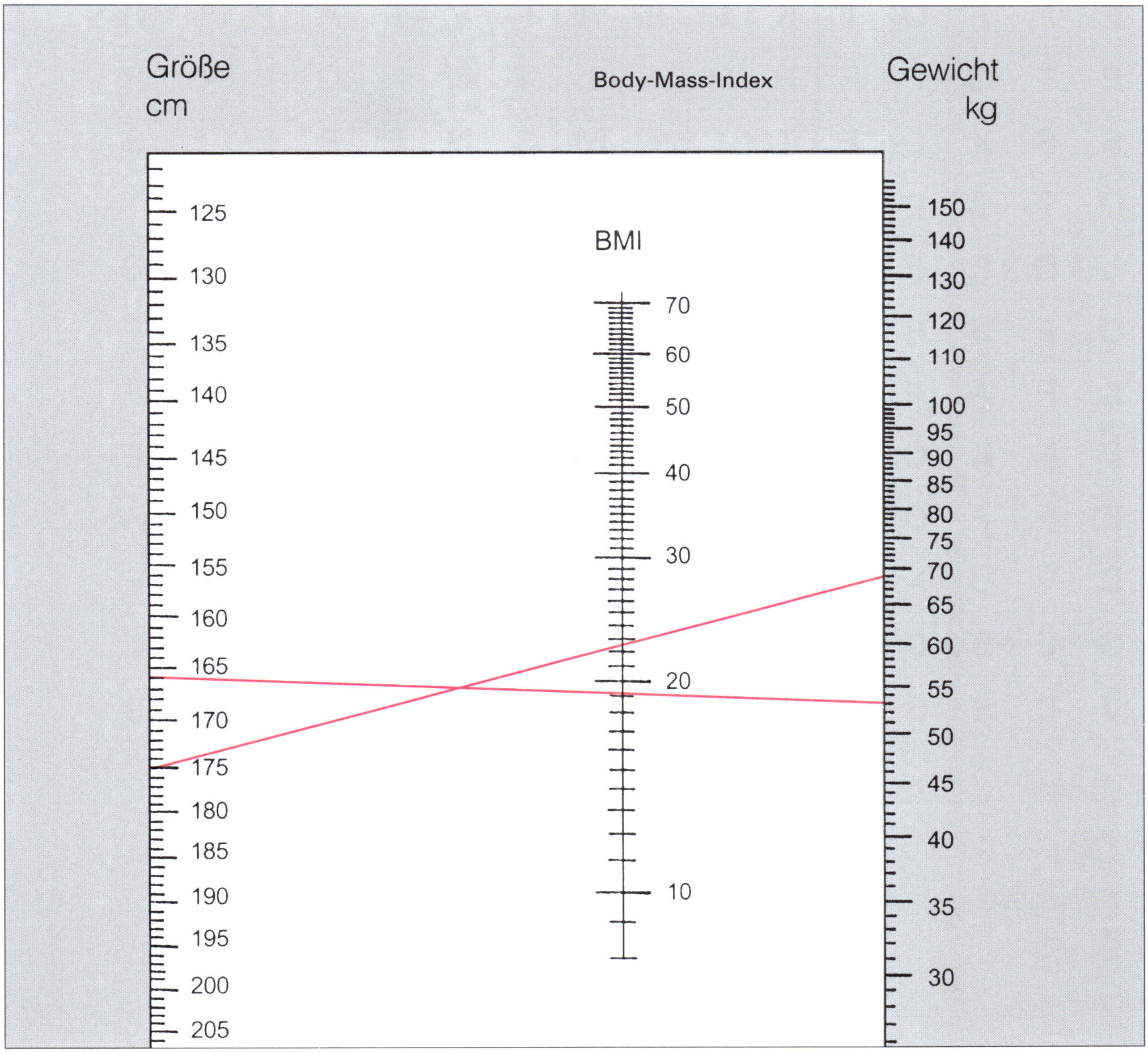

Bewertung des ermittelten BMI: (Unterschiedliche Lösungen sind möglich.)
- unter 18: Untergewicht: Empfehlenswert ist eine Gewichtszunahme.
- 18–25: Normalgewicht.
- 26–30: Übergewicht: Eine Gewichtsabnahme ist notwendig.

1.8 Wir suchen wichtige Begriffe

Datum:

In diesem Rätsel sind 23 Begriffe versteckt.

1. Suche diese Begriffe. Sie können waagerecht, senkrecht oder diagonal, außerdem vorwärts oder rückwärts geschrieben sein.
2. Notiere die gefundenen Begriffe in alphabetischer Reihenfolge.
3. Unterstreiche die Nährstoffe mit der jeweiligen Nährstofffarbe.

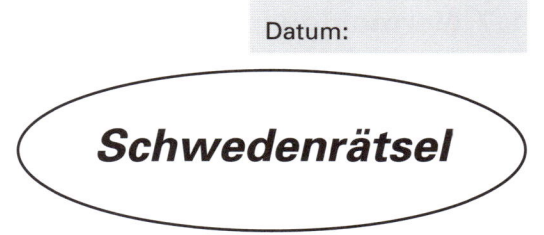

Schwedenrätsel

B	A	L	L	A	S	T	S	T	O	F	F	E	G	P	N
C	D	E	F	F	O	T	S	U	A	B	F	U	A	T	A
L	U	R	O	E	S	T	S	T	O	F	F	E	A	H	E
E	F	F	O	T	S	B	R	A	F	Y	F	A	P	V	H
E	T	G	F	E	R	H	A	L	T	U	N	G	P	O	R
S	S	X	L	E	T	T	I	M	S	N	E	B	E	L	S
O	T	B	L	A	T	T	G	R	U	E	N	Q	T	B	T
L	O	E	F	F	O	T	S	L	A	R	E	N	I	M	O
U	F	J	R	B	E	W	E	G	U	N	G	Y	T	M	F
L	F	W	A	E	R	M	E	E	I	W	E	I	S	S	F
L	E	K	O	H	L	E	N	H	Y	D	R	A	T	E	E
E	F	F	O	T	S	K	R	I	W	R	E	S	S	A	W
C	V	U	X	U	G	H	O	V	I	T	A	M	I	N	E
G	E	S	C	H	M	A	C	K	S	S	T	O	F	F	E
V	C	S	B	R	E	N	N	S	T	O	F	F	E	Y	S

1. Appetit
2. Aufbau
3. Ballaststoffe
4. Baustoffe
5. Bewegung
6. Blattgrün
7. Brennstoffe
8. Cellulose
9. Duftstoffe
10. Eiweiß
11. Erhaltung
12. Farbstoffe
13. Fette
14. Geschmacksstoffe
15. Kohlenhydrate
16. Lebensmittel
17. Mineralstoffe
18. Nährstoffe
19. Röststoffe
20. Vitamine
21. Wärme
22. Wasser
23. Wirkstoffe

1.9 Nährstoffe

Datum:

Wir ordnen Lebensmittel nach ihrem Nährstoffgehalt.

Lebensmittel enthalten Eiweiß, Fett und Kohlenhydrate, daneben Vitamine, Mineralstoffe und Wasser.
Welche der abgebildeten Lebensmittel enthalten viel   a) Eiweiß,   b) Fett,   c) Kohlenhydrate?
Schreibe die Namen der abgebildeten Lebensmittel geordnet nach den Nummern in die Listen unten.

a) Viel Eiweiß enthalten:
- ④ Hähnchen
- ⑤ Milch
- ⑧ Erbsen
- ⑨ Erdnüsse
- ⑬ Hühnerei
- ⑮ Joghurt
- ⑱ Sahnequark
- ⑳ Fleisch
- ㉒ Wurst
- ㉔ Vollkornreis
- ㉕ Käse
- ㉖ Fisch

b) Viel Fett enthalten:
- ③ Speiseöl
- ⑨ Erdnüsse
- ⑫ Sahnetorte
- ⑬ Hühnerei
- ⑯ Mayonnaise
- ⑱ Sahnequark
- ⑲ Butter
- ㉒ Wurst
- ㉓ Schlagsahne
- ㉘ Margarine

c) Viel Kohlenhydrate enthalten:
- ① Vollkornmehl
- ② Zucker
- ⑥ Salat
- ⑦ Bonbons
- ⑧ Erbsen
- ⑩ Brötchen
- ⑪ Apfel
- ⑭ Nudeln (Teigwaren)
- ⑰ Kartoffeln
- ㉑ Honig
- ㉔ Vollkornreis
- ㉗ Möhren

Einige Lebensmittel kannst du auch in zwei Spalten eintragen, da sie z. B. neben Kohlenhydraten auch reichlich Eiweiß enthalten.

Farben und Aufgaben der Nährstoffe

Datum:

1. Suche typische Farben für die verschiedenen Nährstoffe.

a) Wasser ist _blau_.

b) Fette sind _gelb_.

c) Kohlenhydrate sind in _grünen_ Pflanzen enthalten.

d) Eiweiß kommt in _rotem_ Fleisch vor.

e) Mineralstoffe sind in _braunem_ Vollkorn enthalten.

f) Für Vitamine bleibt die Farbe _Schwarz_, so kann man die kleinen Spuren besser sehen.

2. Schreibe die Nährstoffnamen in die jeweiligen Kästchen, vgl. Aufgabe 3, in den angegebenen Nährstofffarben.

3. Ergänze den Text zu den Aufgaben der Nährstoffe.

Eiweiß	rot
Mineralstoffe	braun
Wasser	blau

Sie dienen dem Körper vorwiegend zum _Aufbau_ _und zur Erhaltung._

Es sind _Baustoffe._

Kohlenhydrate	grün
Fette	gelb

Sie liefern dem Körper vorwiegend _Energie_ _für Bewegung und Wärme._

Es sind _Brennstoffe._

Mineralstoffe	braun
Vitamine	schwarz

Sie _regeln_ Körpervorgänge und _schützen vor_ Krankheiten.

Es sind _Wirkstoffe._

4. Suche eine Überschrift für diese Seite und trage sie oben ein.

1.10 Wir erstellen Steckbriefe für Lebensmittel

Datum:

1. Erstellt in Gruppen Steckbriefe für Lebensmittel.

STECKBRIEF

Dringend gesucht wird etwas Essbares,

das _____

_____

_____

_____

_____

Besondere Eigenschaften:

_____

_____

_____

Aufenthaltsorte:

_____

_____

_____

_____

_____

Sonstige Merkmale:

_____

_____

_____

_____

(Unterschiedliche Antworten sind möglich, z.B. für exotische Früchte – Mango usw.)

Hier ist Platz für eine Zeichnung, die zu eurem Steckbrief passt.

2. Die anderen Gruppen sollen nun mithilfe eures Steckbriefes erraten, um welche Lebensmittel es sich handelt.

1.11 Wir erstellen einen Ernährungskreis

Datum:

1. Unterteile die Lebensmittelsymbole, vgl. Umschlagseite hinten, in sieben Gruppen. Die Lebensmittel einer Gruppe haben jeweils einen ähnlichen Nährstoffgehalt.

2. Ordne die Lebensmittelsymbole in den Ernährungskreis ein. (Es müssen nicht alle Symbole verwendet werden.)

3. Benenne die Lebensmittelgruppen.

1. Getränke
2. Getreide, Getreideprodukte, Kartoffeln
3. Gemüse, Hülsenfrüchte
4. Obst
5. Milch und Milchprodukte
6. Fisch, Fleisch, Wurst, Eier
7. Fette, Öle

DGE: Vielseitig – gesund – essen

Der Kreis teilt unser reichhaltiges Lebensmittelangebot in sieben Gruppen ein. Die Lebensmittel einer Gruppe ähneln sich in ihrer Zusammensetzung. Wer täglich aus allen sieben Gruppen isst und innerhalb der Gruppen abwechselt, erhält alle lebensnotwendigen Nährstoffe. Die Größe der Felder deutet auf die empfohlenen Mengen hin: großes Feld = große Menge, kleines Feld = kleine Mengen.

Inhaltsstoffe der verschiedenen Lebensmittelgruppen

4. Übertrage die Inhaltsstoffe der verschiedenen Lebensmittelgruppen in die jeweiligen Kästchen am Ernährungskreis.

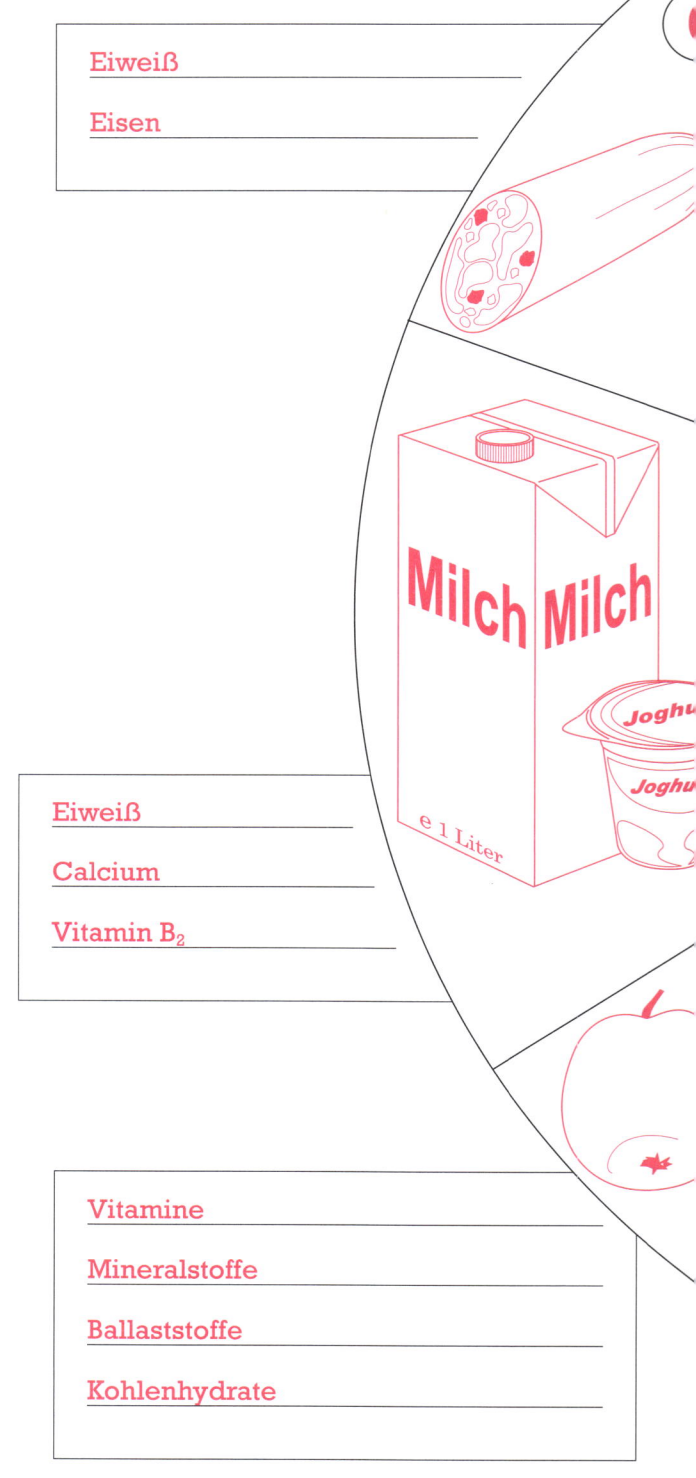

Eiweiß
Eisen

Eiweiß
Calcium
Vitamin B_2

Vitamine
Mineralstoffe
Ballaststoffe
Kohlenhydrate

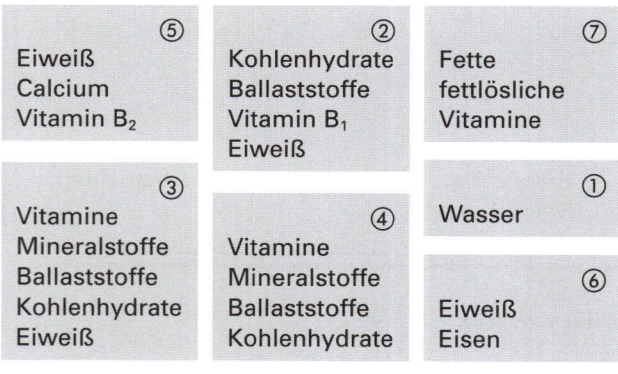

⑤ Eiweiß Calcium Vitamin B_2

② Kohlenhydrate Ballaststoffe Vitamin B_1 Eiweiß

⑦ Fette fettlösliche Vitamine

③ Vitamine Mineralstoffe Ballaststoffe Kohlenhydrate Eiweiß

④ Vitamine Mineralstoffe Ballaststoffe Kohlenhydrate

① Wasser

⑥ Eiweiß Eisen

1.12 Wir ordnen wichtige Begriffe

Datum:

Lies den folgenden Text und übertrage die wichtigen Begriffe, die du auch schon aus dem Schwedenrätsel von Seite 10 kennst, geordnet in die Tabelle unten.

LEBENSMITTEL – pflanzliche und tierische – sind alle Stoffe, die dazu bestimmt sind, gegessen, gekaut oder getrunken zu werden, soweit es nicht Arzneimittel sind.

Im Verdauungstrakt werden die Lebensmittel in verwertbare Bestandteile – **Nährstoffe** – und weitere Inhaltsstoffe zerlegt.

Bei den Nährstoffen unterscheidet man

- **Baustoffe**, sie dienen vorwiegend zum Aufbau und zur Erhaltung des Körpers.
  Baustoffe sind: **Eiweiß, Mineralstoffe** und **Wasser**.

- **Brennstoffe**, sie liefern dem Körper vorwiegend Energie für Bewegung und zur Regulation der Körpertemperatur.
  Brennstoffe sind: **Fette** und **Kohlenhydrate**.

- **Wirkstoffe** regeln Körpervorgänge.
  Wirkstoffe sind **Vitamine** und **Mineralstoffe**.

Weitere Inhaltsstoffe der Lebensmittel sind zunächst die Ballaststoffe.

Ballaststoffe, z. B. **Cellulose**, regen die Darmbewegung an, binden Schadstoffe usw.

Sekundäre Pflanzenstoffe sind gesundheitsfördernde Wirkstoffe, die in Pflanzen als Abwehrstoffe und Farbstoffe gebildet werden.

LEBENSMITTEL

pflanzliche und tierische
⇩

Nährstoffe
↓ ↓ ↓

Baustoffe	Brennstoffe	Wirkstoffe
Eiweiß	Fette	Vitamine
Mineralstoffe	Kohlenhydrate	Mineralstoffe
Wasser		

weitere Inhaltsstoffe
↓ ↓

Ballaststoffe, z. B.	Sekundäre
Cellulose	Pflanzenstoffe
	Farbstoffe

1.13 Zu welcher Lebensmittelgruppe gehören die Lebensmittel? – Trimino

Datum:

1. Schneidet die einzelnen Dreiecke aus.
2. Trimino kann allein oder zu zweit bearbeitet werden.
   Lege die einzelnen Dreiecke aneinander, bis die Ausgangsform des Triminos wieder erreicht ist.
3. Doch es gibt noch eine Besonderheit:
   Es muss jeweils eine Zuordnung der Lebensmittel um die entsprechende Lebensmittelgruppe erfolgen, z. B. das Lebensmittel Hefezopf muss neben der 2. Lebensmittelgruppe liegen.
4. Nachdem ihr das Trimino gelegt habt, erstellt ihr eine Mind-Map zu den ersten drei Lebensmittelgruppen oder ihr übertragt die Lebensmittelgruppen mit den dazugehörigen Lebensmitteln in euer Heft.

(Lösung auf der Rückseite)

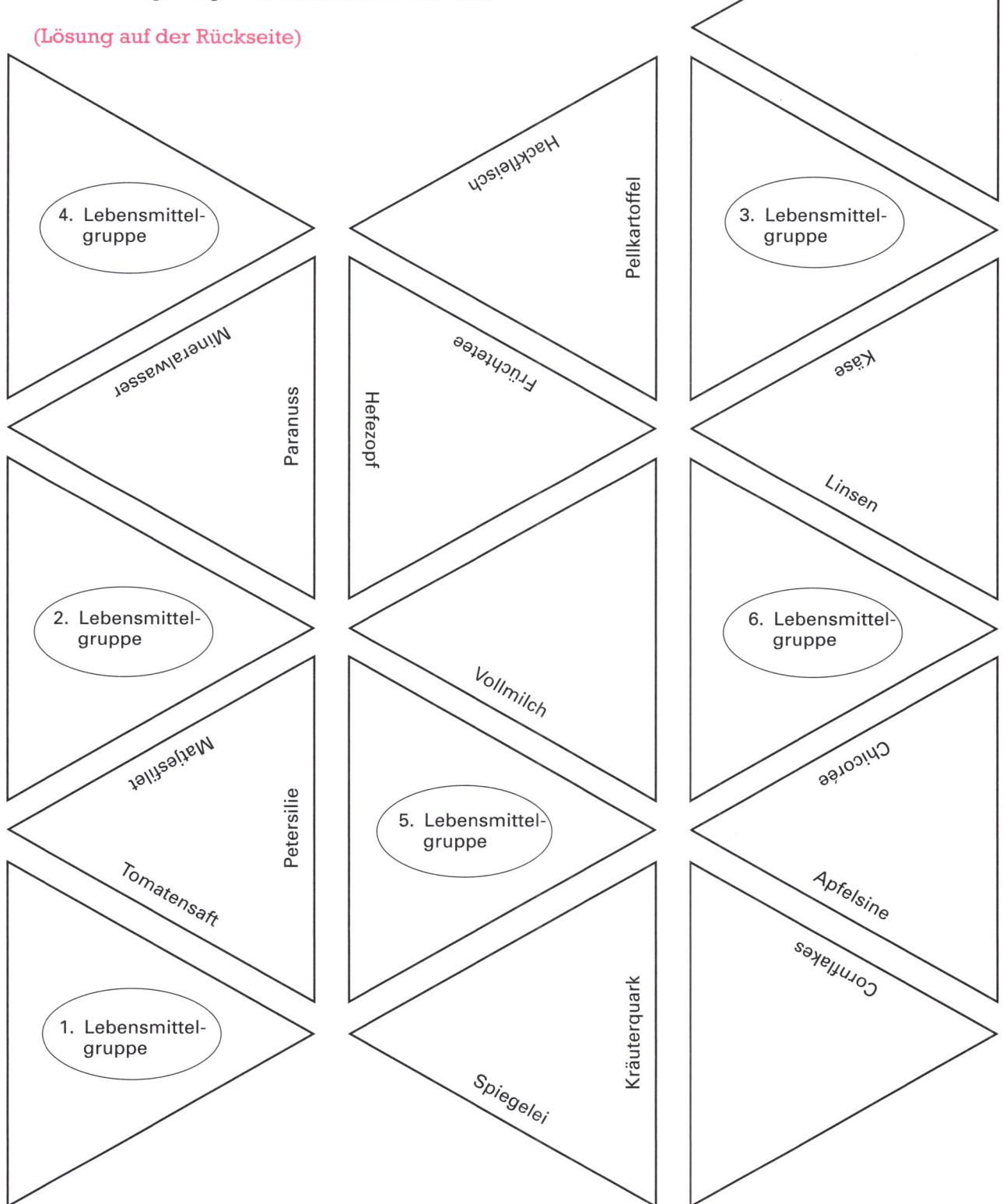

**Lösung Trimino (S. 17) –
Zu welcher Lebensmittelgruppe
gehört das Lebensmittel?**

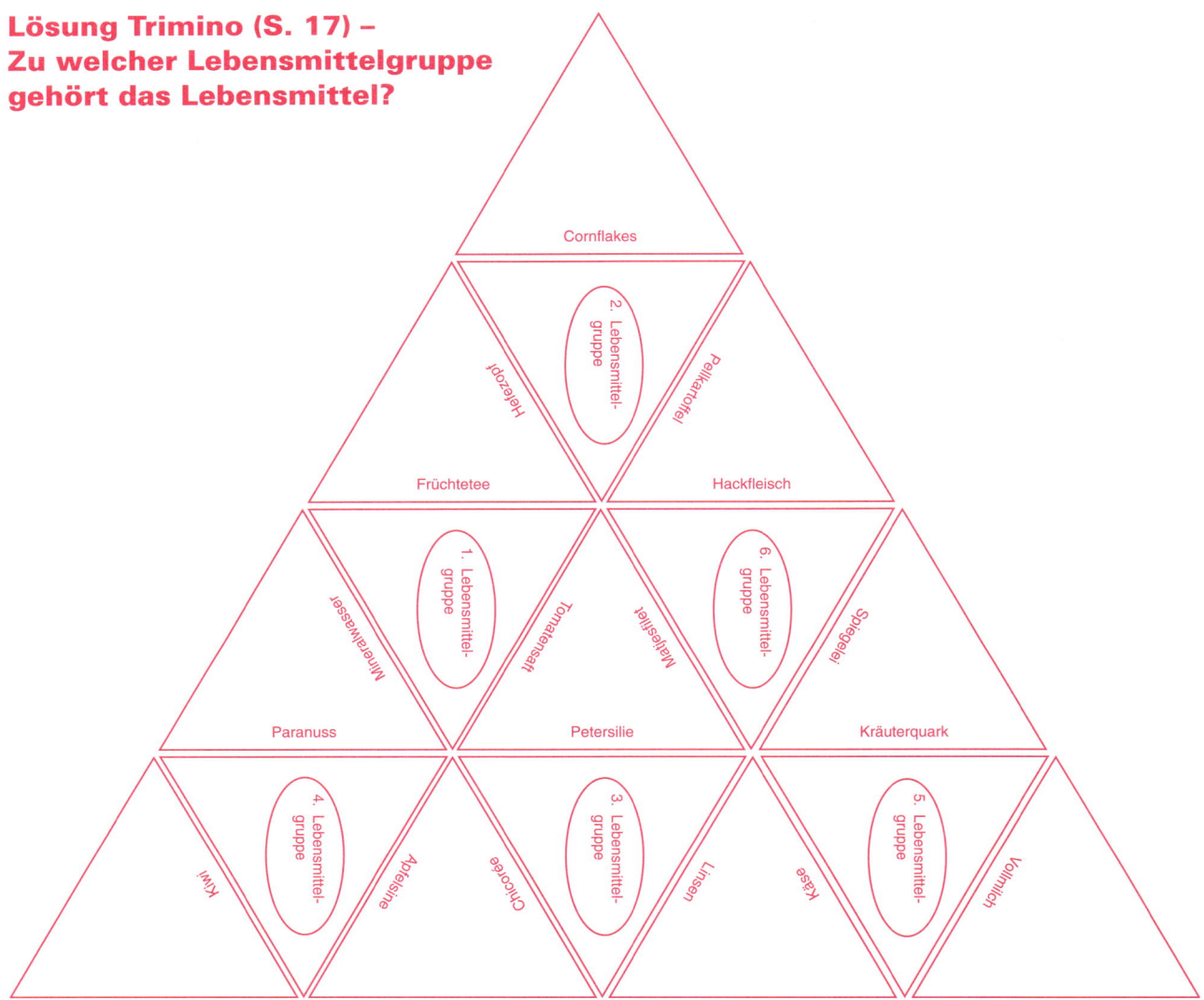

2.1 Zucker hat viele Namen

Datum:

1. Ermittle Zuckernamen, die in den abgebildeten Zutatenlisten von Süßigkeiten genannt werden.

   Glucosesirup, Zucker, Honig, Invertzuckersirup, Milchzucker

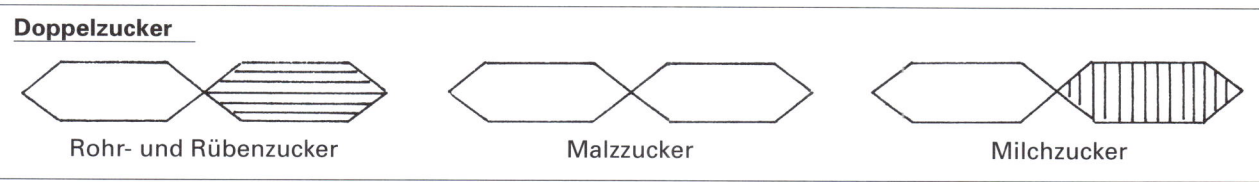

2. Nenne jeweils die Einfachzucker, die in den Doppelzuckern enthalten sind.

   Rohr- und Rübenzucker enthalten Traubenzucker und Fruchtzucker .

   Malzzucker enthält Traubenzucker und Traubenzucker .

   Milchzucker enthält Traubenzucker und Galaktose .

3. Welche anderen Namen für Traubenzucker findet man in Zutatenlisten?

   Glucose, Dextrose, Glucosesirup enthält 16 % Wasser

4. Welche anderen Namen für Malzzucker findet man in Zutatenlisten?

   Maltose, Malzextrakt enthält 46 bis 67 % Malzzucker

2.2 Zucker und Karies – Wir bringen Abbildungen in die richtige Reihenfolge

Datum:

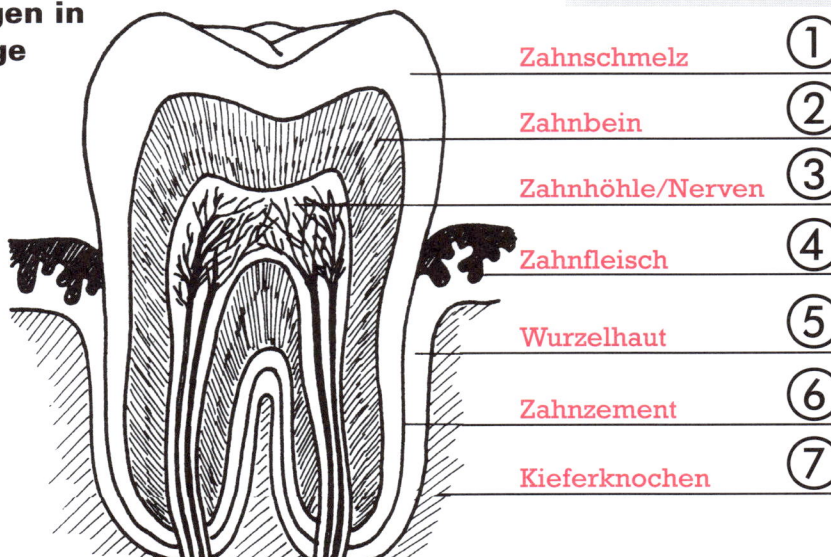

① Zahnschmelz
② Zahnbein
③ Zahnhöhle/Nerven
④ Zahnfleisch
⑤ Wurzelhaut
⑥ Zahnzement
⑦ Kieferknochen

1. Wie heißen die Bestandteile des Zahns? Beschrifte die Abbildung „Zahnaufbau".

2. Male diese verschiedenen Bestandteile farbig an.

3. Bringe die Abbildungen unten in eine sinnvolle Reihenfolge.

4. Male die Abbildungen farbig an.

5. Beschreibe die Entstehung von Karies durch zuckerhaltige Speisereste.

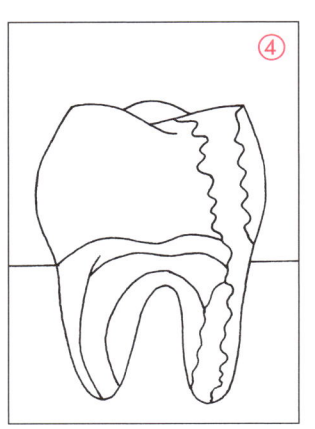 ④
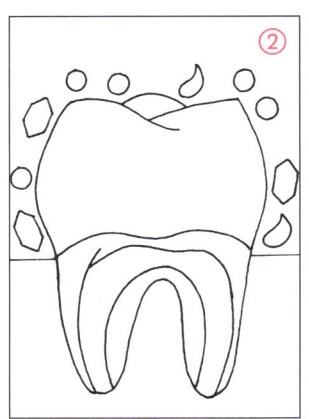 ②
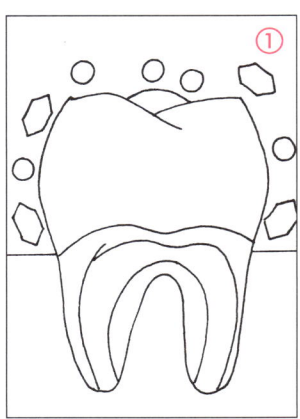 ①
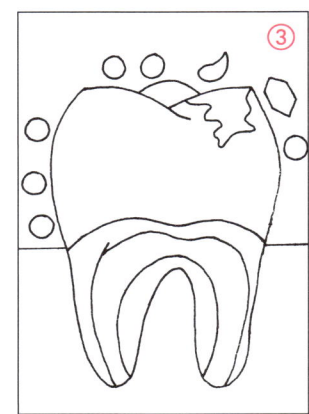 ③

⬡ Zucker   ◯ Bakterien   ⬭ Säure

1. Bakterien und zuckerhaltige Speisereste bilden Zahnbeläge.

2. Es entstehen Säuren, die den Zahnschmelz entkalken.

3. Der Zahnschmelz ist angegriffen, Bakterien können eindringen.

4. Sie gelangen in die Zahnhöhle und verursachen dort schmerzhafte Entzündungen.

6. **Ergänze den folgenden Text.**
   Die Kariesentstehung kann gemindert werden:

– weniger zuckerreiche Lebensmittel und Süßigkeiten essen, vor allen Dingen nicht zwischendurch

– Zähne nach jeder Mahlzeit putzen

2.3 Getreidearten

Getreidearten

1. *Male die Getreidearten/-körner farbig an.*
2. *Fülle die Tabelle aus.*

Datum:

Namen	Weizen	Roggen	Hafer	Gerste	Reis	Mais	Hirse
Hauptanbaugebiete	Europa Amerika	Europa	Europa Amerika	Europa	Asien	Amerika Asien	Afrika Asien
Verwendungs- möglichkeiten für die Getreidearten	Brot Backwaren Mehl Grieß	Brot Mehl	Haferflocken Backwaren	Bier Backwaren Grütze Graupen	Beilage Süßspeisen	Tortilla (Fladen) Cornflakes Gemüsemais	Brei Bratlinge Backwaren
Besonderheiten der Getreidearten	kleberreich	mineral- stoffreich	fettreich	maltosereich	Vollkorn…: thiaminreich	niacinarm	mineral- stoffreich

2.4 Getreideprodukte

Datum:

1. Wie heißen die Bestandteile des Getreidekorns? Beschrifte die Abbildungen.

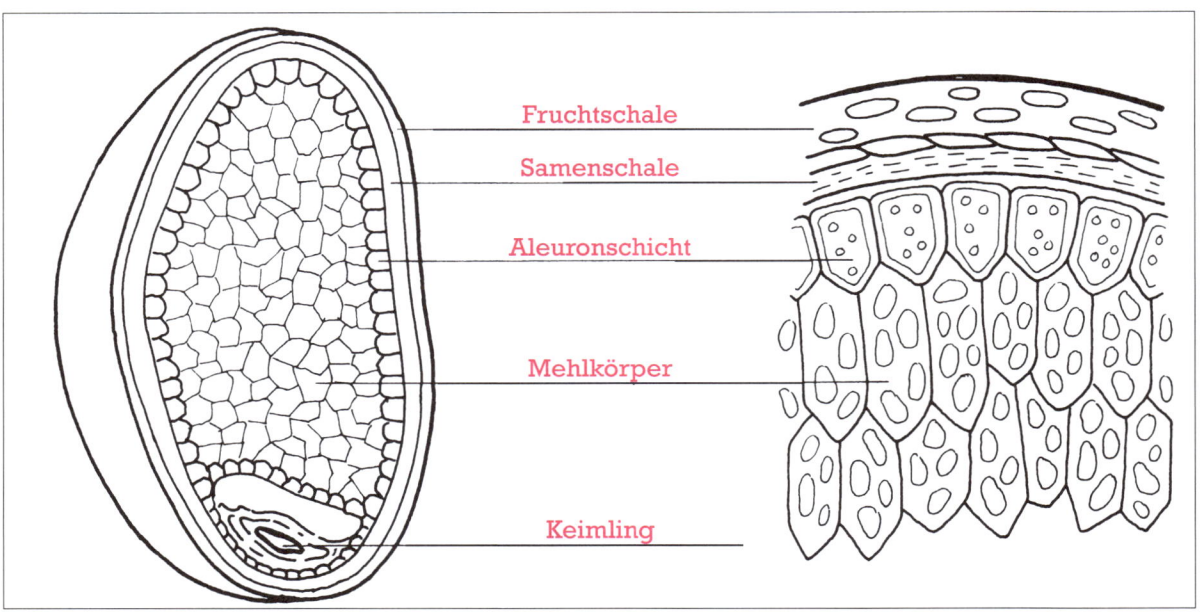

- Fruchtschale
- Samenschale
- Aleuronschicht
- Mehlkörper
- Keimling

2. Ermittle den Nährstoffgehalt der verschiedenen Getreidekornbestandteile, male sie farbig an.

Fruchtschale enthält Ballaststoffe, Mineralstoffe, Vitamine

Samenschale enthält Ballaststoffe, Mineralstoffe, Vitamine

Aleuronschicht enthält Eiweiß, Mineralstoffe, Vitamine

Mehlkörper enthält Stärke, Eiweiß (Kleber)

Keimling enthält Fett, Eiweiß, Mineralstoffe, Vitamine

Kohlenhydrate	– grün	Fett – gelb	Vitamine	– schwarz
Eiweiß	– rot		Mineralstoffe	– braun

3. Welche Nährstoffe befinden sich

a) im Vollkornmehl/-schrot,

- Vitamine
- Mineralstoffe
- Eiweißstoffe, Fett
- Stärke, Ballaststoffe

b) im Auszugsmehl?

- Stärke
- Klebereiweiß

4. Vollkornmehl ist gesünder, da es mehr Vitamine, Mineralstoffe

und Ballaststoffe und Eiweiß enthält.

5. Vollkornmehl kann man verwenden für: Brot, Backwaren, Teigwaren, Aufläufe, Pfannkuchen.

2.5 Teige und Massen

1. Suche in dem Rätsel nach 12 Bezeichnungen von Teigen und Massen und nach 12 Gebäckarten.

2. Sortiere die Bezeichnungen nach den ebenfalls enthaltenen Oberbegriffen.

3. Erstelle eine Tabelle: Teige und Massen und Gebäckarten.

4. Erstellt ein Memospiel zum Thema Teige, Massen und Gebäckarten.

Datum:

Schwedenrätsel

W	I	N	D	B	E	U	T	E	L	N	I	G	S	B	S	C	H
E	U	L	W	M	A	S	I	W	L	L	H	I	A	X	K	T	O
S	S	C	H	W	E	I	N	E	O	H	R	E	N	G	X	J	N
S	T	O	R	T	E	L	E	T	T	S	M	T	D	L	R	B	I
A	K	M	U	E	R	B	E	T	E	I	G	L	M	P	A	I	G
M	B	X	T	T	U	J	S	B	M	S	A	E	A	B	P	S	K
T	G	K	T	N	T	G	S	L	A	T	X	O	S	R	F	K	U
I	I	A	U	J	R	R	A	A	K	R	B	K	S	A	E	U	C
U	E	G	A	M	U	O	M	E	R	U	U	R	E	N	L	I	H
K	T	E	M	A	E	W	R	T	O	D	T	A	N	D	S	T	E
S	N	B	E	S	H	O	E	T	N	E	T	U	A	M	T	R	N
I	E	A	R	S	R	H	S	E	E	L	E	Q	P	A	R	O	N
B	H	E	I	E	T	E	I	R	N	T	R	Y	F	S	U	L	M
T	C	C	K	N	E	F	A	T	M	E	K	U	K	S	D	L	E
P	U	K	A	W	I	E	B	E	A	I	U	X	U	E	E	E	R
I	K	X	N	X	G	T	E	I	S	G	C	M	C	O	L	Q	I
Z	B	Q	E	Y	J	E	M	G	S	L	H	O	H	Z	Y	U	N
Z	E	G	R	W	P	I	I	E	E	Y	E	Q	E	B	K	I	G
A	L	B	Y	D	J	G	J	X	H	D	N	F	N	L	A	D	E
M	A	N	D	E	L	M	A	K	R	O	N	E	N	J	I	Z	T

Zucker, Getreide, Kartoffeln

2.6 Wie verarbeiten wir Kartoffeln richtig? – Kopfstandmethode

Datum:

Tina hat aufgelistet, was man bei der Verarbeitung von Kartoffeln alles falsch machen kann. Natürlich stehen die Arbeitsschritte in der falschen Reihenfolge, wie sie ihr gerade eingefallen sind.

1. Lies die verschiedenen Arbeitsschritte.

2. Stelle die Aussagen „auf den Kopf".

3. Bringe die Arbeitsschritte in die richtige Reihenfolge.

Kartoffeln möglichst dick mit einem großen Küchenmesser schälen.	Möglichst Salzkartoffeln zubereiten, sie sind vitamin- und mineralstoffreicher.
Kartoffeln mit viel Wasser garen.	Kartoffeln möglichst früh schälen, damit sie lange im Wasser liegen.
Kartoffeln lange in warmem Wasser waschen.	Kartoffeln immer warm halten, bis die letzte Person gegessen hat.
500 g Kartoffeln im großen Topf ohne Deckel garen.	Für Kartoffelbrei fest kochende Kartoffeln auswählen.
Für Kartoffelsalat mehlig kochende Kartoffeln einkaufen.	Bratkartoffeln sind aufgrund des geringen Stärkeanteils fettärmer.

---

1. Für Kartoffelsalat fest kochende Kartoffeln auswählen.

2. Für Kartoffelbrei mehlig kochende Kartoffeln auswählen.

3. Möglichst Pellkartoffeln zubereiten, sie sind vitamin- und mineralstoffreicher.

4. Bratkartoffeln sind aufgrund des höheren Fettgehaltes fettreicher.

5. Kartoffeln möglichst kurz vor dem Garen schälen, damit sie nicht so lange im Wasser liegen.

6. Kartoffeln möglichst dünn mit einem Sparschäler schälen.

7. Kartoffeln kurz in kaltem Wasser waschen.

8. Kartoffeln mit wenig Wasser garen.

9. Kartoffeln in einem passenden Topf mit gut schließendem Deckel garen.

10. Kartoffeln schnell abkühlen. Portionsweise wieder aufwärmen.

2.7 Kartoffeln, viele Verwendungsmöglichkeiten

Datum:

Wir suchen Kartoffeln für verschiedene Verwendungszwecke aus.

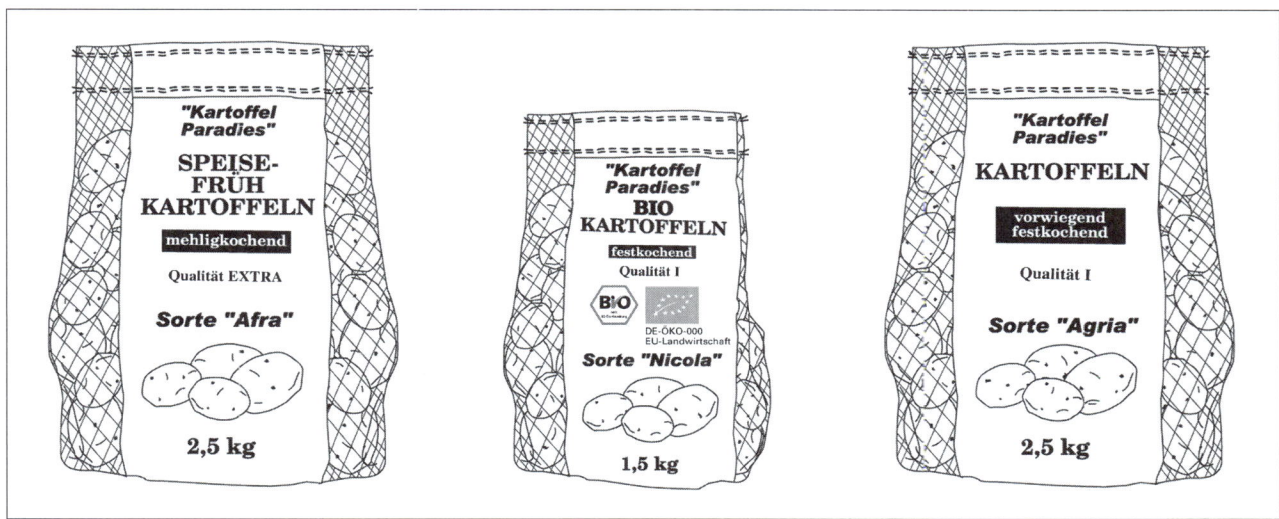

1. Übertrage die Angaben auf den Kartoffeltüten geordnet in die folgende Tabelle.

Sortenname	Kochtyp	Qualität	Erntezeit
Afra	mehligkochend	Extra	vor dem 10. 8.
Nicola	festkochend	I, Bio	nach dem 10. 8.
Agria	vorwiegend festkochend	I	nach dem 10. 8.

2. Nenne verschiedene Kartoffelbeilagen.

Pellkartoffeln, Salzkartoffeln, Kartoffelbrei, Bratkartoffeln, Kartoffelpuffer, Kartoffelklöße, Kartoffelgratin, Pommes frites, Backkartoffeln usw.

3. Nenne Verwendungszwecke für die verschiedenen Kochtypen.

Festkochende Kartoffeln eignen sich für Kartoffelsalat, Salzkartoffeln, Pellkartoffeln, Bratkartoffeln.

Vorwiegend festkochende Kartoffeln eignen sich für Salzkartoffeln, Pellkartoffeln, Bratkartoffeln.

Mehligkochende Kartoffeln eignen sich für Brei, Klöße, Puffer, Suppen, Eintöpfe.

2.8 Speisen aus Kartoffeln – Silbenrätsel

Datum:

1. Hier sind die Silben von 13 Bezeichnungen für Speisen aus Kartoffeln.
Finde die Bezeichnungen für die Speisen und suche nach entsprechenden Rezepten.

BACK – BRAT – CHI – CHIPS – CLETTE – FEL – FEL – FEL – FELN – FELN – FELN – FELN
– FER – FRI – GNOC – GRA – KAR – KAR – KAR – KAR – KAR – KAR – KAR
– KET – KRO – LAT – MES – PELL – POM – PÜ – PUF – RA – REE – SA – SALZ – TEN –
TES – TIN – TOF – TOF – TOF – TOF – TOF – TOF – TOF

Backkartoffeln	Bratkartoffeln
Chips	Gnocchi
Gratin	Kartoffelpüree
Kartoffelpuffer	Kartoffelsalat
Kroketten	Pellkartoffeln
Pommes frites	Raclette
Salzkartoffeln	

2. Welche Speise aus Kartoffeln wird in der folgenden Anekdote beschrieben?

Kartoffelchips

Gib der Anekdote die passende Überschrift und trage sie ein.

Verschiedene Antworten sind möglich.

Es geschah im 19. Jahrhundert in Amerika.
Ein Gast bestellte gebratene Kartoffelstücke. Der Koch servierte diese, doch der Gast beklagte sich, dass die Kartoffelstücke zu dick seien. Der Koch musste neue, kleinere Stücke zubereiten. Aber auch diese waren dem Gast noch zu groß.
Wütend schnitt der Koch die Kartoffeln in ganz dünne Scheiben. Beim Braten wurden die Scheiben so hart, dass man sie nur noch mit den Fingern essen konnte. Der Gast war von dieser Kartoffelköstlichkeit begeistert.

3. Schreibe weitere Steckbriefe für die verschiedenen Speisen aus Kartoffeln.

**STECKBRIEF
DIE TOLLE KNOLLE**

2.9 Welches Mikadostäbchen liegt oben?

Wenn man die frei liegenden Mikadostäbchen von oben nach unten wegnimmt, erhält man jeweils die Antworten auf die unten stehenden Fragen.

Die fehlenden Buchstaben ergeben in dieser Reihenfolge die Lösung: eine Ernährungsregel der DGE.

Ein Tipp: Male jeweils die abgehobenen Mikadostäbchen farbig an.

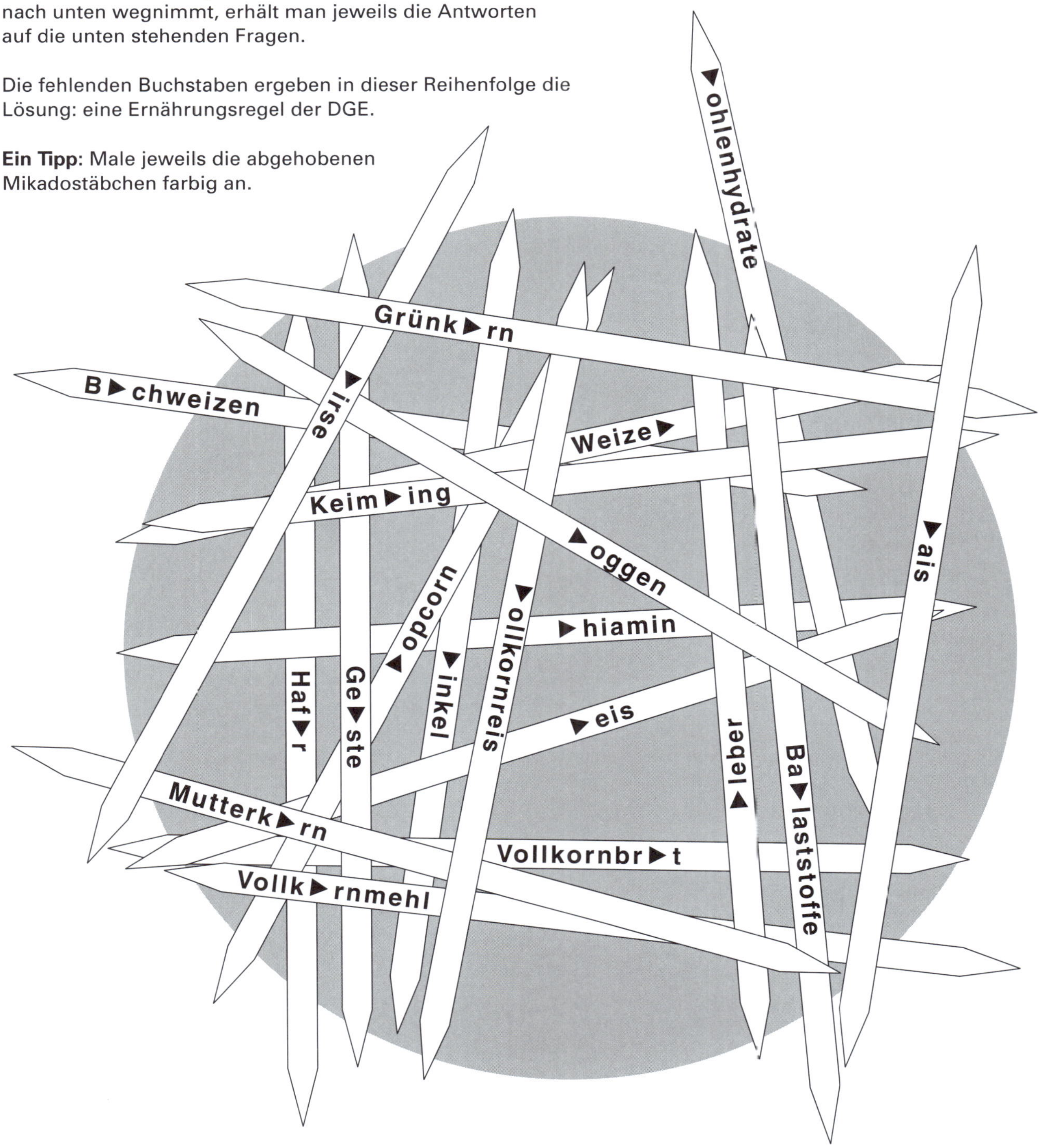

1. Lebensmittel in Mittelamerika
2. Dinkel, unreif geerntet
3. Lebensmittel in Afrika
4. dunkles Brotgetreide
5. ballaststoffreiches Lebensmittel
6. Pilz am Roggen
7. binden Schadstoffe im Darm
8. fettreicher Getreidebestandteil
9. Getreideeiweiß
10. Mehl aus ganzem Korn
11. zum Bierbrauen
12. helles Brotgetreide
13. aus Mais hergestellt
14. Lebensmittel in Asien
15. aus ganzem Korn hergestellt
16. alte Getreideart
17. kein Getreide
18. Nährstoff – Farbe Grün
19. Vitamin im Getreide
20. fettreiches Getreide

1	2	3	4	5	6	7	8	9	10	11	12	13	14	15	16	17	18	19	20
M	E	H	R	V	O	L	L	K	O	R	N	P	R	O	D	U	K	T	E

Zucker, Getreide, Kartoffeln

2.10 Wir ordnen Lebensmittel nach ihrem Kohlenhydratgehalt

Datum:

Lebensmittel enthalten Zucker, Stärke und Ballaststoffe.

1. Schreibe die Namen folgender Lebensmittel geordnet in die Liste unten. Welche der abgebildeten Lebensmittel enthalten viel a) Zucker, b) Stärke, c) Ballaststoffe?

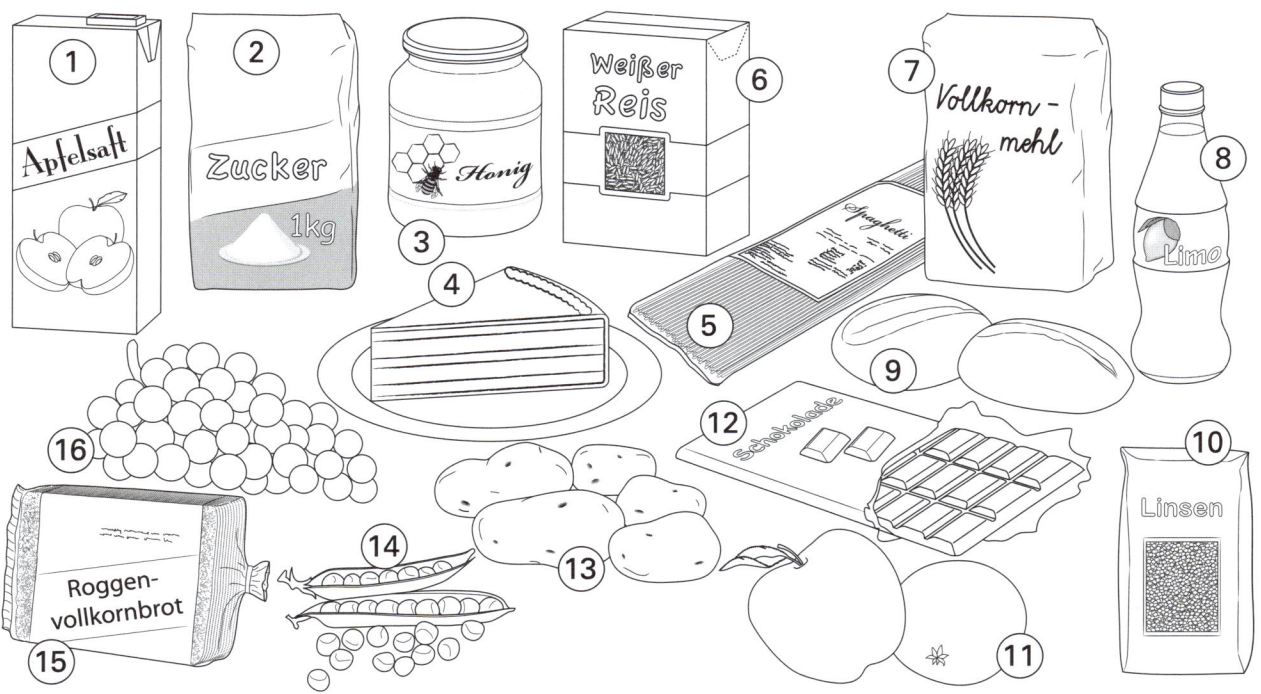

Einige Lebensmittel kannst du auch in zwei Spalten eintragen, da sie neben Stärke auch reichlich Ballaststoffe enthalten.

a) Viel Zucker enthalten:	b) Viel Stärke enthalten:	c) Viel Ballaststoffe enthalten:
① Apfelsaft	④ Kuchen	⑦ Vollkornmehl
② Zucker	⑤ Nudeln	⑩ Linsen
③ Honig	⑥ Reis, poliert	⑪ Äpfel
④ Kuchen	⑦ Vollkornmehl	⑬ Kartoffeln
⑧ Limonade	⑨ Brötchen	⑭ Erbsen
⑫ Schokolade	⑩ Linsen	⑮ Roggenvollkornbrot
⑯ Weintrauben	⑬ Kartoffeln	
	⑭ Erbsen	
	⑮ Roggenvollkornbrot	

2. Ergänze mithilfe der Nährwerttabelle weitere kohlenhydratreiche Lebensmittel, die viel Zucker oder Stärke und/oder Ballaststoffe enthalten.

2.11 Kohlenhydrate – Kreuzworträtsel

Ermittle jeweils das Lösungswort und übertrage es in die Kästchen.

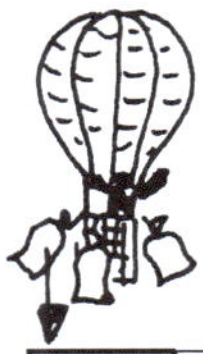

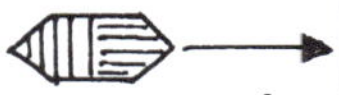

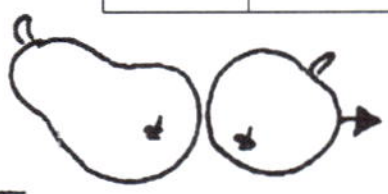

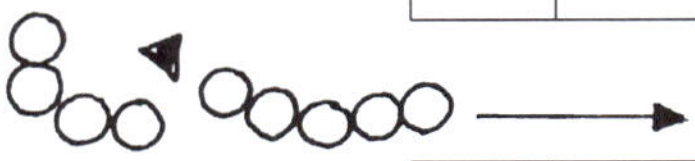

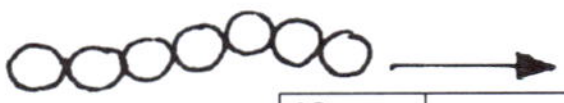

1	B	E	W	E	G	U	N	G		
2	T	R	A	U	B	E	N	Z	U	C	K	E	R
3	V	O	L	L	K	O	R	N	M	E	H	L
4	D	O	P	P	E	L	Z	U	C	K	E	R
5	E	I	N	F	A	C	H	Z	U	C	K	E	R
6			O	B	S	T
7			G	E	T	R	E	I	D	E
8	G	L	U	C	O	S	E
9	D	E	X	T	R	I	N	E
10	V	E	R	S	T	O	P	F	U	N	G
11	K	A	R	T	O	F	F	E	L
12	V	I	E	L	F	A	C	H	Z	U	C	K	E	R
13	G	L	Y	K	O	G	E	N

Waagerecht

1. Kohlenhydrate liefern Energie für … .
2. Ein Einfachzucker, der in allen Kohlenhydratarten vorkommt.
3. Ein Getreideprodukt, das viele Ballaststoffe enthält.
4. … bestehen aus zwei Einfachzuckern.
5. Doppelzucker enthält zwei … .
6. Traubenzucker und Fruchtzucker sind in … enthalten.
7. Roggen, Weizen, Reis usw. sind … .
8. Traubenzucker wird auch … genannt.
9. … sind Abbauprodukte der Stärke.
10. Eine ballaststoffarme Ernährung führt zu … .
11. Kohlenhydratreiches Lebensmittel, das unter der Erde wächst.
12. Stärke und Glykogen sind … .
13. Im menschlichen Körper gespeicherte Kohlenhydratart.

Senkrecht

1. **Lösungswort: Getreide enthält viele … .**
2. In Pflanzen gespeicherte Kohlenhydratart.
3. Kohlenhydrate liefern auch Energie für die … .
4. Vier bis sechs Scheiben von diesem Lebensmittel sollten wir täglich essen.
5. Getreideart, die in Asien Hauptnahrungsmittel ist.

Zucker, Getreide, Kartoffeln

2.12 Wir verwenden Zucker und Stärke

Datum:

1. Gib je einen Teelöffel Zucker
   a) in ein Glas mit kaltem Wasser,
   b) in ein Glas mit heißem Wasser.

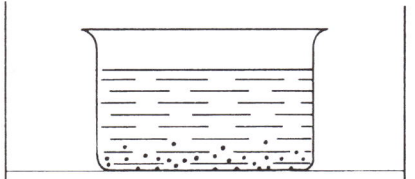 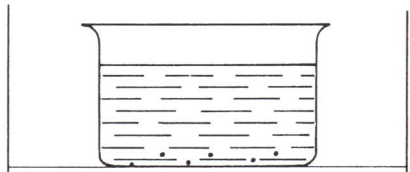

Was beobachtest du? Vervollständige den folgenden Text:

a) Zucker   löst sich in kaltem Wasser langsam und nur teilweise.

b) Zucker   löst sich in heißem Wasser schnell und vollständig.

Regel: Speisen süßen, solange sie   noch heiß   sind.

2. Gib je einen Teelöffel Stärke
   a) in ein Glas mit kaltem Wasser,
   b) in ein Glas mit kochendem Wasser.

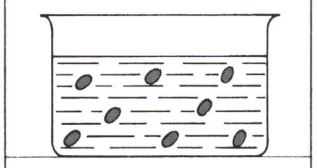 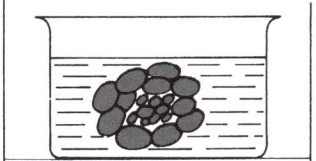

Was beobachtest du? Vervollständige den folgenden Text:

a) Stärke   verteilt sich in kaltem Wasser. Nach kurzer Zeit setzt sie sich wieder am Boden des Gefäßes ab.

b) Stärke   bildet in kochendem Wasser Klumpen. Stärke verkleistert.

Regel: Stärke zunächst in   kaltem   Wasser anrühren. Dann unter Rühren   Stärke   in die kochende   Flüssigkeit geben.

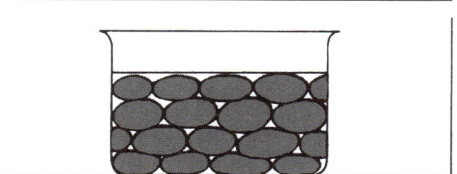

3. Beschreibe die Herstellung eines Obstflammeris.

   8 EL Obstsaft abnehmen, die Stärke darin anrühren. Unter Rühren die angerührte Stärke in den kochenden Obstsaft geben, aufkochen lassen.

Obstflammeri – Rote Grütze
½ l Obstsaft
Zucker nach Geschmack
40 g Stärke

4. Vanillesoße wurde mit Stärke gebunden, dabei entstanden Klumpen. Was kannst du tun?

   Die Soße durch ein Sieb geben, die Klumpen bleiben im Sieb zurück.

2.13 Wir überprüfen die Kohlenhydratzufuhr

Datum:

1. a) Berechne die Gesamt-Istzufuhr an Energie und Kohlenhydraten.
   b) Berechne die tägliche Gesamtkohlenhydrat-Sollzufuhr.

2. Unterstreiche Lebensmittel, die überwiegend Zucker enthalten, rot, und Lebensmittel, die überwiegend Stärke enthalten, grün. Übertrage die Grammangaben in die entsprechenden Spalten, z. B. Brötchen 20 g Stärke, Konfitüre 13 g Zucker.

3. Wie viel Gramm a) Zucker, b) Stärke isst Michael täglich?

4. Mache Verbesserungsvorschläge. Wie kann Michael sich gesünder ernähren?

Tageskostplan von Michael, 16 Jahre, Körpergewicht 64 kg

	Menge	Lebensmittel	Energie kJ	kcal	Kohlenhydrate in g insgesamt	Zucker	Stärke
1. Frühstück	40 g	Brötchen, Semmel (1 Stück)	426	101	20	–	20
	50 g	Roggenvollkornbrot (1 Scheibe)	428	102	21	–	21
	20 g	Butter (5 TL)	620	148	0	0	0
	57 g	Hühnerei (1 Stück)	370	88	1	1	–
	30 g	Doppelrahmfrischkäse (1 Portion)	497	118	1	1	–
	50 g	Schinken, gekocht (1 Scheibe)	553	132	0	0	0
	20 g	Konfitüre	224	53	13	13	–
	250 ml	Früchtetee	0	0	0	0	0
		Istzufuhr 1. Frühstück	3 118	742	56	15	41
2. Frühstück	50 g	Vollmilchschokolade (½ Tafel)	1 160	276	20	20	0
		Istzufuhr 2. Frühstück	1 160	276	20	20	0
Mittagessen	150 g	Schweineschnitzel (1 großes Stück)	653	155	0	0	0
	10 g	Maiskeimöl (1 EL)	370	88	0	0	0
	200 g	Kartoffelsalat mit Öl	770	183	30	–	30
	200 g	Bohnensalat	420	100	10	–	10
	75 g	Eiscreme	671	160	15	15	–
	30 g	Schlagsahne	381	90	1	1	0
		Istzufuhr Mittagessen	3 265	776	56	16	40
Nachmittag	50 g	Kartoffelchips (kleine Tüte)	1 180	281	21	0	21
	330 g	Cola-Getränk (1 Dose)	611	145	36	36	0
		Istzufuhr Nachmittag	1 791	426	57	36	21
Abendessen	40 g	Roggenmischbrot (1 Scheibe)	362	86	18	–	18
	50 g	Roggenvollkornbrot (1 Scheibe)	428	102	21	–	21
	20 g	Margarine (5 TL)	594	141	0	0	0
	30 g	Leberwurst (1 Portion)	534	127	0	0	0
	30 g	Edamer Käse, 45 % i. Tr. (1 Scheibe)	443	105	1	1	–
	70 g	Tomate (1 Stück)	49	12	2	2	–
	250 ml	Kräutertee	0	0	0	0	0
		Istzufuhr Abendessen	2 410	573	42	3	39
		Gesamt-Istzufuhr	11 744	2 793	231	90	141
		Gesamt-Sollzufuhr	11 200	2 675	343	114	229

Zucker, Getreide, Kartoffeln

2.14 Zucker und Insulin – ein Kreislauf

Datum:

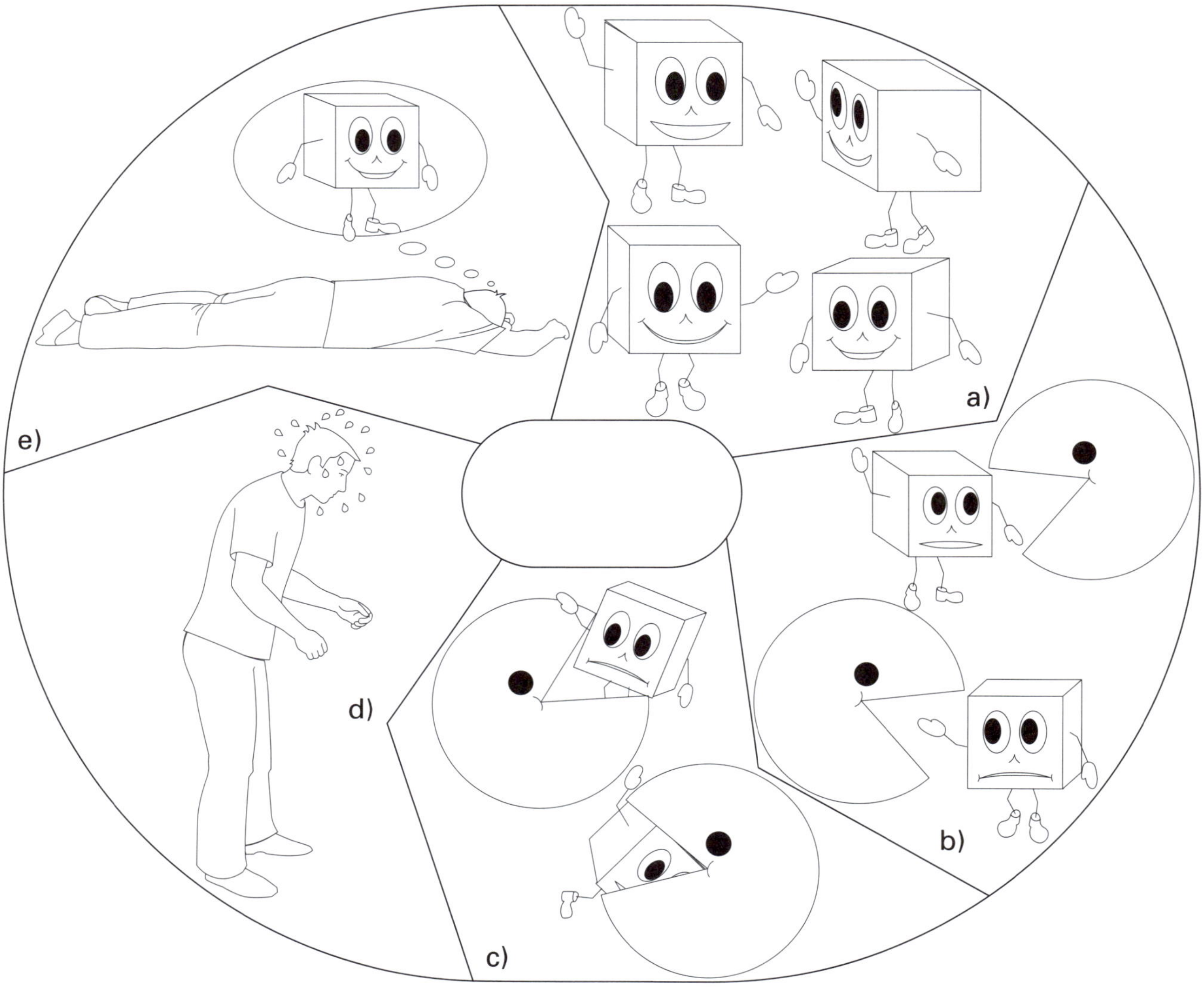

1. **Beschreibe die einzelnen Abschnitte des Kreislaufs Zucker und Insulin.**

   a) Zucker wird z.B. mit Schokolade aufgenommen und gelangt schnell ins Blut. Der Blutzuckerspiegel steigt.

   b) Insulin wird ausgeschüttet.

   c) Zucker wird mit dem Blut zu Leber- und Muskelzellen transportiert.

   d) Der Blutzucker fällt stark ab.

   e) Dem Körper wird Hunger signalisiert.

2. **Begründe die Aussage: Zucker macht hungrig und nicht satt.**

   Nach der Zuckeraufnahme steigt der Blutzucker schnell an, er fällt jedoch genauso schnell wieder ab.

3. **Male die Abbildung farbig aus, sodass der Kreislauf Zucker und Insulin deutlich wird.**

3.1 Domino – Hauptangebotszeiten von Obst- und Gemüsesorten

Datum:

1. Schneide die Dominokarten aus und klebe sie auf Karton.
2. Sortiert die Obst- und Gemüsesorten nach den Hauptangebotszeiten
   a) Frühling, b) Sommer, c) Herbst, d) Winter.
   Hinweis: Die Jahreszeiten auf den rechten Kartenhälften sind nicht die Hauptangebotszeiten.
3. Nun geht es ans Spiel, jeweils 4 bis 6 Schüler spielen in einer Gruppe.
   D. h., sie dürfen sich beraten, welche Dominokarte sie anlegen wollen.
   Eine Karte wird auf den Tisch gelegt, z. B.:
4. Nun kann
   rechts eine weitere Dominokarte mit einer Obst- oder Gemüsesorte angelegt werden, die hauptsächlich im Sommer angeboten wird, oder
   links eine Dominokarte mit der Jahreszeit angelegt werden, in der Spargel hauptsächlich angeboten wird, usw.
5. Malt die Dominokarten nach den Hauptangebotszeiten der Obst- und Gemüsesorten farbig an,
   a) Frühling – gelb,   b) Sommer – hellrot,
   c) Herbst – hellgrün,   d) Winter – hellblau.
6. Klebt die Dominokarten sortiert nach den Hauptangebotszeiten in euer Heft.

Dominokarten

Spargel	Sommer	Kirsche	Herbst	Radieschen	Winter
Apfel	Frühling	Kopfsalat	Winter	Erdbeere	Winter
Gurke	Frühling	Grünkohl	Sommer	Banane	Sommer
Tomate	Frühling	Kartoffel	Frühling	Apfelsine	Sommer
Möhre	Herbst	Rhabarber	Herbst	Kohlrabi	Herbst
Zwiebel	Sommer	Birne	Frühling	Pfirsich	Herbst
Sellerie	Frühling	Himbeere	Winter	Weintraube	Winter
Zitrone	Herbst	Paprika	Frühling	Blumenkohl	Sommer
Rettich	Frühling	Pflaume	Winter	Chicorée	Sommer
Brokkoli	Frühling	Heidelbeere	Winter	Porree	Sommer

3.2 Wir vergleichen verschiedene Erfrischungsgetränke

Datum:

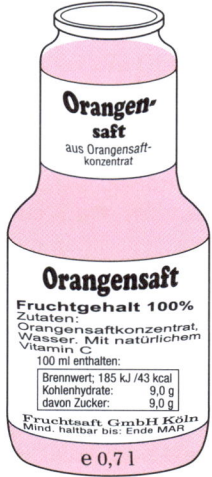

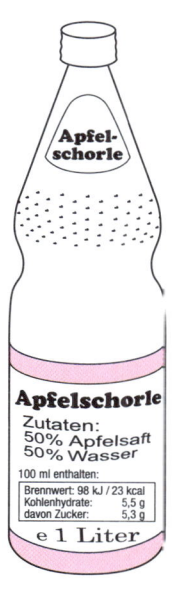

1. **Lies von der Verpackung ab: Aus welchen Zutaten bestehen**

    Fruchtsaft?   Orangensaftkonzentrat, Wasser, Vitamin C

    Fruchtnektar?   Orangensaft, Wasser, Glucosesirup, Zucker

    Obstschorle?   Apfelsaft, Wasser

    Fruchtsaftgetränk?   Mineralwasser, Zucker, Fruchtsaftgetränkegrundstoff, natürliches Aroma

2. **Ermittle den Fruchtgehalt der Getränke und male den entsprechenden Teil der Packungen rot an.**

	Fruchtsaftgetränk	Obstschorle	Fruchtnektar	Fruchtsaft
Fruchtgehalt	10 %	50 %	mind. 50 %	100 %

3. **Lies von der Verpackung ab: Wie viel g Zucker stecken jeweils in 1 Liter**

    Fruchtsaft?   90 g   Fruchtnektar?   87 g

    Obstschorle?   53 g   Fruchtsaftgetränk?   100 g

4. **Wie viel Stück Zucker (5 g) sind jeweils in einem 200-ml-Glas mit**

    Fruchtsaft?   18   Fruchtnektar?   17

    Obstschorle?   11   Fruchtsaftgetränk?   20

5. **Lies von der Verpackung ab: Wie viel kJ und kcal hat jeweils 1 Liter**

    Fruchtsaft?   1850 kJ   430 kcal

    Fruchtnektar?   1620 kJ   380 kcal

    Obstschorle?   980 kJ   230 kcal

    Fruchtsaftgetränk?   1740 kJ   410 kcal

6. **Welches Getränk eignet sich für eine gesunde Ernährung? Begründe deine Entscheidung.**

    Obstschorle erfrischt und enthält weniger Zucker als die anderen Getränke und so auch weniger Energie. Fit ohne Übergewicht.

3.3 Täglich Mineralstoffe

Datum:

Wir ermitteln mineralstoffreiche Lebensmittel.

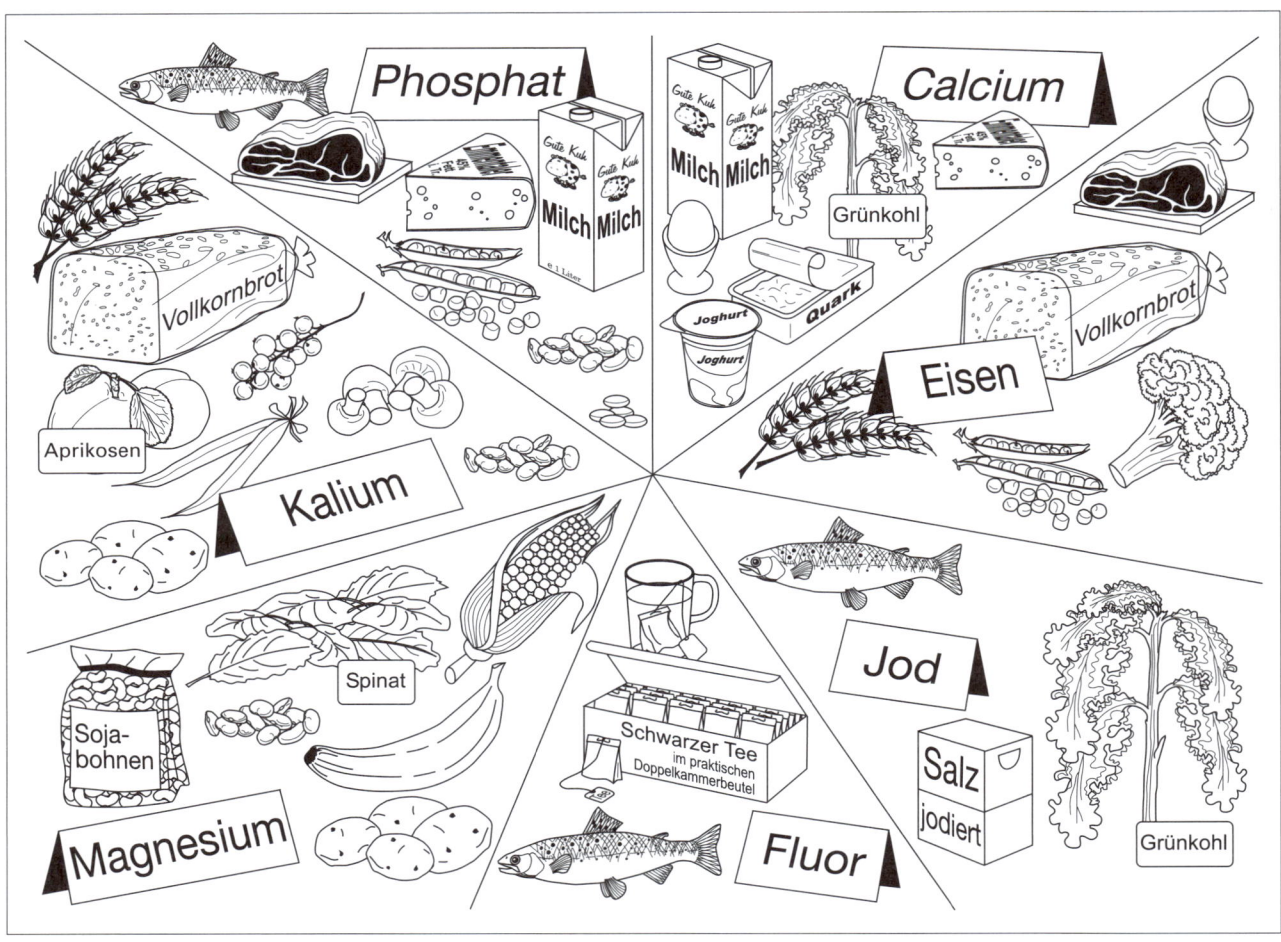

1. Ermittle mithilfe der Abbildung, welche Mineralstoffe in den folgenden Lebensmitteln enthalten sind:

Getreide und -produkte ___Kalium, Eisen___

Kartoffeln ___Kalium, Magnesium___   Obst ___Magnesium, Kalium___

Gemüse ___Kalium, Magnesium, Jod, Eisen, Calcium___

Hülsenfrüchte ___Kalium, Magnesium, Eisen, Phosphat___

Milch ___Calcium, Phosphat___   Eier ___Eisen, Calcium___

Fleisch ___Eisen, Phosphat___   Fisch ___Fluor, Jod, Phosphat___

2. Welche Aufgaben haben die verschiedenen Mineralstoffe? Ergänze den folgenden Text. Setze folgende Wörter sinnvoll ein:

Baustoffe   roten Blutfarbstoffes   Schilddrüsenhormons   Reglerstoffe   Festigkeit   Sauerstofftransport

Calcium und Phosphat sind ___Baustoffe___ für Knochen und Zähne, sie geben diesen ___Festigkeit___.

Natrium und Kalium sind ___Reglerstoffe___, sie sorgen für den Druckausgleich im Körper. Eisen ist als Bestandteil des ___roten Blutfarbstoffes___ für den ___Sauerstofftransport___ verantwortlich.

Jod ist als Bestandteil des ___Schilddrüsenhormons___ für den normalen Energiestoffwechsel notwendig.

3.4 Mineralstoffe

Datum:

In diesem Rätsel sind 18 Begriffe zum Thema Mineralstoffe versteckt.

Schwedenrätsel

1. Suche diese Begriffe. Sie können waagerecht, senkrecht oder diagonal, außerdem vorwärts oder rückwärts geschrieben sein.

D	V	K	K	C	A	L	C	I	U	M	H	O	V	G
W	L	R	T	H	C	B	J	F	P	R	A	S	V	A
E	E	O	Y	L	L	X	U	R	F	R	Z	T	U	T
F	S	P	E	I	S	E	N	K	A	A	L	E	N	P
F	E	F	T	A	P	O	A	S	Z	C	A	O	P	H
O	U	D	F	D	P	R	E	R	O	H	S	P	B	O
T	R	J	Q	G	I	O	F	Q	J	I	H	O	S	S
S	D	E	H	E	R	O	U	L	F	T	C	R	F	P
L	D	N	S	T	Z	Z	B	K	S	I	O	O	M	H
A	L	H	D	Q	F	M	N	P	M	S	K	S	P	A
R	I	E	H	X	B	O	K	U	X	U	W	E	I	T
E	H	A	N	J	C	M	I	W	K	A	L	I	U	M
N	C	Z	O	H	P	R	M	B	Z	D	Q	B	O	J
I	S	D	E	I	T	B	L	U	T	A	R	M	U	T
M	N	N	H	A	F	Z	K	U	X	L	K	C	Y	C
V	P	T	N	E	M	E	L	E	N	E	R	U	P	S

2. Notiere die gefundenen Begriffe in alphabetischer Reihenfolge.

3. Erläutere die Begriffe.

1. Blutarmut
2. Calcium
3. Eisen
4. Fluor
5. Jod
6. Kalium
7. Karies
8. Knochen
9. Kochsalz
10. Kropf
11. Mineralstoffe
12. Natrium
13. Osteoporose
14. Phosphat
15. Rachitis
16. Schilddrüse
17. Spurenelement
18. Zähne

3.5 Mineralstoffe – Kreuzworträtsel

Datum:

Ermittle die Lösungswörter und übertrage sie in die Kästchen.

| M | I | N | E | R | A | L | S | T | O | F | F | E | | D | U | R | C | H |

| A | B | W | E | C | H | S | L | U | N | G | | U | N | D |

| | | | | | | | | | | | | F | R | I | S | C | H | E |

① senkrecht: MINERALSTOFFE
② waagerecht: ABWECHSLUNG
③ waagerecht: UND FRISCHE

Kreuzworträtsel-Buchstaben:

- 1 senkrecht: MINERALSTOFFE
- 2 senkrecht: BLUTDRUCK
- 3 senkrecht: KIWI
- 4 senkrecht: LEBERWURST
- 5 senkrecht: KNOCHEN
- 6 senkrecht: SCHILDDRUESE
- 7 senkrecht: SEEFISCH
- 8 senkrecht: VOLLKORNBROT
- 9 senkrecht: FLUOR
- 10 senkrecht: NUESSE
- 11 senkrecht: GESCHMACK
- 12 senkrecht: ZAEHNE
- 13 senkrecht: EISEN

Senkrecht

1. … ist der Überbegriff für Calcium, Eisen, Jod usw.
2. Zu viel Kochsalz – Natrium – kann den … erhöhen.
3. …, eine Frucht aus dem Ausland, enthält viel Vitamin C, aber kaum Mineralstoffe.
4. … ist ein Lebensmittel, das reichlich Eisen und andere Mineralstoffe, aber auch Schadstoffe enthält.
5. Calcium ist wichtig für die … .
6. Jod wird für die Bildung von Hormonen in der … benötigt.
7. … ist ein Lebensmittel, das reichlich Jod enthält.
8. … enthält viele Mineralstoffe.
9. … schützt die Zähne.
10. … – Schalenobst – enthalten ebenfalls Mineralstoffe.
11. Nicht nur Kochsalz, sondern auch Kräuter und Gewürze können den Speisen … geben.
12. Calcium ist wichtig für den Aufbau von Knochen und für die … .
13. … befindet sich in den roten Blutkörperchen, es transportiert den Sauerstoff.

Die Lösungswörter ① senkrecht und ② und ③ waagerecht ergeben einen Grundsatz für eine vollwertige Ernährung.

Obst, Gemüse, Getränke

3.6 Calcium, ein wichtiger Mineralstoff

Datum:

1. Ermittle mithilfe der Speisepläne die Calciumaufnahme von
   a) Astrid, b) Jörg.

Speiseplan von Astrid	Calcium-zufuhr in mg
Frühstück	
2 Scheiben Roggenbrot	24
1 Scheibe Bierschinken	5
1 Portion Honig	1
2 TL Butter	1
2 Tassen Kräutertee	0
Pause	
1 kleiner Apfel	8
Mittagessen	
1 Frikadelle	8
1 Portion Salzkartoffeln	40
1 Portion Blumenkohl	40
1 Portion Apfelgelee	1
Nachmittags	
2 Tassen Hagebuttentee	0
Abendessen	
2 Scheiben Roggenmischbrot	20
2 TL Butter	1
2 kleine Tomaten	21
1 Scheibe Corned Beef	9
1 Portion Leberwurst, mager	3
1 Tasse Kräutertee	0
Calciumzufuhr insgesamt	182

Speiseplan von Jörg	Calcium-zufuhr in mg
Frühstück	
Müsli	
4 EL Haferflocken	26
1 kleiner Apfel	8
1 Portion Bienenhonig	1
1 Becher Vollmilchjoghurt	180
1 Tasse Kräutertee	0
Pause	
1 Mandarine	20
Mittagessen	
1 Portion Rotbarschfilet	33
1 Portion Salzkartoffeln	40
1 Portion Brokkoli	210
1 Portion Vanillecreme	140
Nachmittags	
1 Glas Buttermilch	220
Abendessen	
2 Scheiben Roggenbrot	24
2 TL Butter	1
2 kleine Tomaten	21
1 Scheibe Salami	11
1 Scheibe Edamer, 30 % Fett i. Tr.	240
1 Tasse Kräutertee	0
Calciumzufuhr insgesamt	1 175

2. Vergleiche die Speisepläne.

Welcher Speiseplan ist besser für die Calciumbedarfsdeckung geeignet? _Der Speiseplan von Jörg._

3. Notiere die calciumreichen Lebensmittel: _Vollmilchjoghurt, Brokkoli, Vanillecreme,_

Buttermilch, Edamer Käse

4. Ergänze folgenden Text:

Bei _Kindern_ kann es infolge eines _Calcium_ - bzw. Vitamin-D-Mangels zu _Rachitis_

kommen. Die Beinknochen _verformen_ sich, _X-Beine_ oder _O-Beine_ entstehen.

Bei Erwachsenen spricht man bei _Calciummangel_ von _Osteoporose_ .

Durch eine ausreichende Calciumaufnahme mit _Milch_ und _Milchprodukten_ können

Rachitis und _Osteoporose_ vermieden werden.

3.7 Eisen – Irrgarten

Datum:

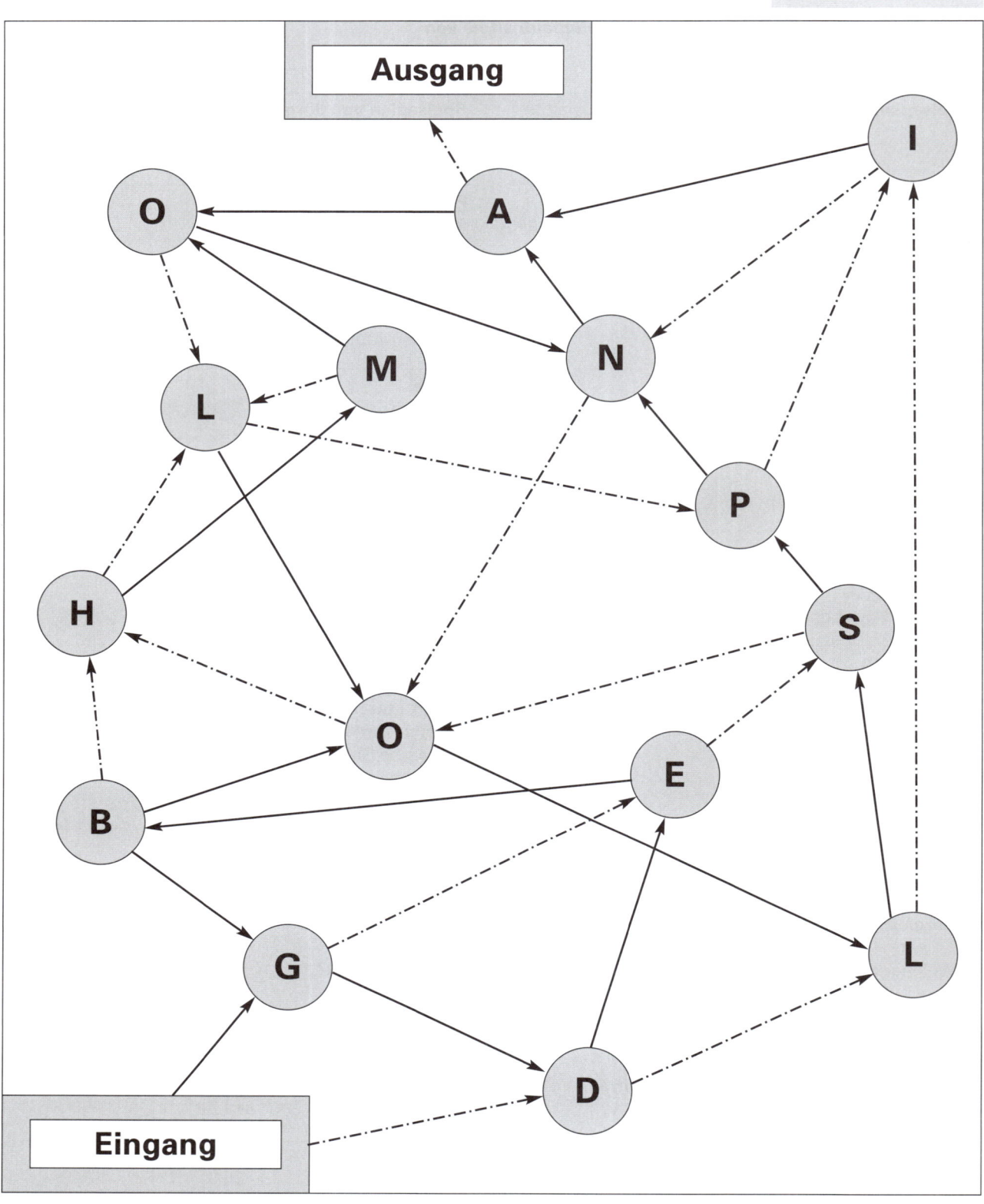

Lösungsbuchstaben: G E B H M O N O L I A

Lösungswort: H A E M O G L O B I N

Übertrage das Lösungswort in die Kästchen der Überschrift.

40 Obst, Gemüse, Getränke

Eisen befindet sich im

Datum:

| H | A | E | M | O | G | L | O | B | I | N |

1. Lies die Aussagen.
2. Entscheide, ob die Aussagen richtig oder falsch sind.
3. Berichtige die falschen Aussagen auf dem Blatt.
4. Bei richtigen Aussagen folgst du den durchgezogenen Linien im Irrgarten, bei falschen Aussagen den unterbrochenen Linien. Manche Stationen können auch öfter angefahren werden.
5. Sammle die jeweils erreichten Buchstaben, sie ergeben in richtiger Reihenfolge ein Lösungswort.
6. Sind deine Entscheidungen richtig, so findest du den Weg aus dem Irrgarten. Los geht es! Hier sind die Aussagen!

1. Der tägliche Eisenbedarf für Jugendliche beträgt 12 bis 15 mg.

Richtig (G)

2. Der rote Blutfarbstoff, die roten Blutkörperchen, werden in der Milz gebildet.

Die Bildung findet im Knochenmark statt. Falsch (E)

3. Myoglobin ist der Name für den roten Muskelfarbstoff.

Richtig (B)

4. Bei Eisenmangel ist die Blutmenge im Körper vermindert.

Lediglich die Anzahl der roten Blutkörperchen – der rote Blutfarbstoff – ist vermindert. Falsch (H)

5. Die Lebensdauer eines roten Blutkörperchens beträgt 100 Tage.

Richtig (M)

6. Eisen wird in Leber und Milz gespeichert.

Richtig (O)

7. Der Eisengehalt der Nahrung wird besser ausgenutzt, wenn es zur Mahlzeit ein Glas Orangensaft gibt.

Vitmin C steigert die Resorption. Richtig (N)

8. Rinderfilet enthält mehr Eisen als Roggenkörner.

Roggenvollkorn 4,6 mg Eisen/100 g, Rinderfilet 2,3 mg/100 g. Falsch (O)

9. Der Gesamtbestand an Eisen im Körper beträgt nur 4 bis 5 g.

Richtig (L)

10. Der rote Blutfarbstoff transportiert Sauerstoff und Kohlenstoffdioxid.

Sauerstoff wird mit den roten Blutkörperchen von der Lunge zu den Zellen transportiert. Falsch (I)

11. Ein Vegetarier muss mehr Eisen aufnehmen als ein Nichtvegetarier.

Pflanzliches Eisen kann nicht so gut ausgenutzt werden. Richtig (A)

12. Mögliche Ursachen eines Eisenmangels sind Blässe, Langeweile im Unterricht, Erschöpfung.

Langeweile im Unterricht hat sicher andere Ursachen. Falsch (Ausgang)

3.8 Täglich Vitamine

Wir ermitteln vitaminreiche Lebensmittel.

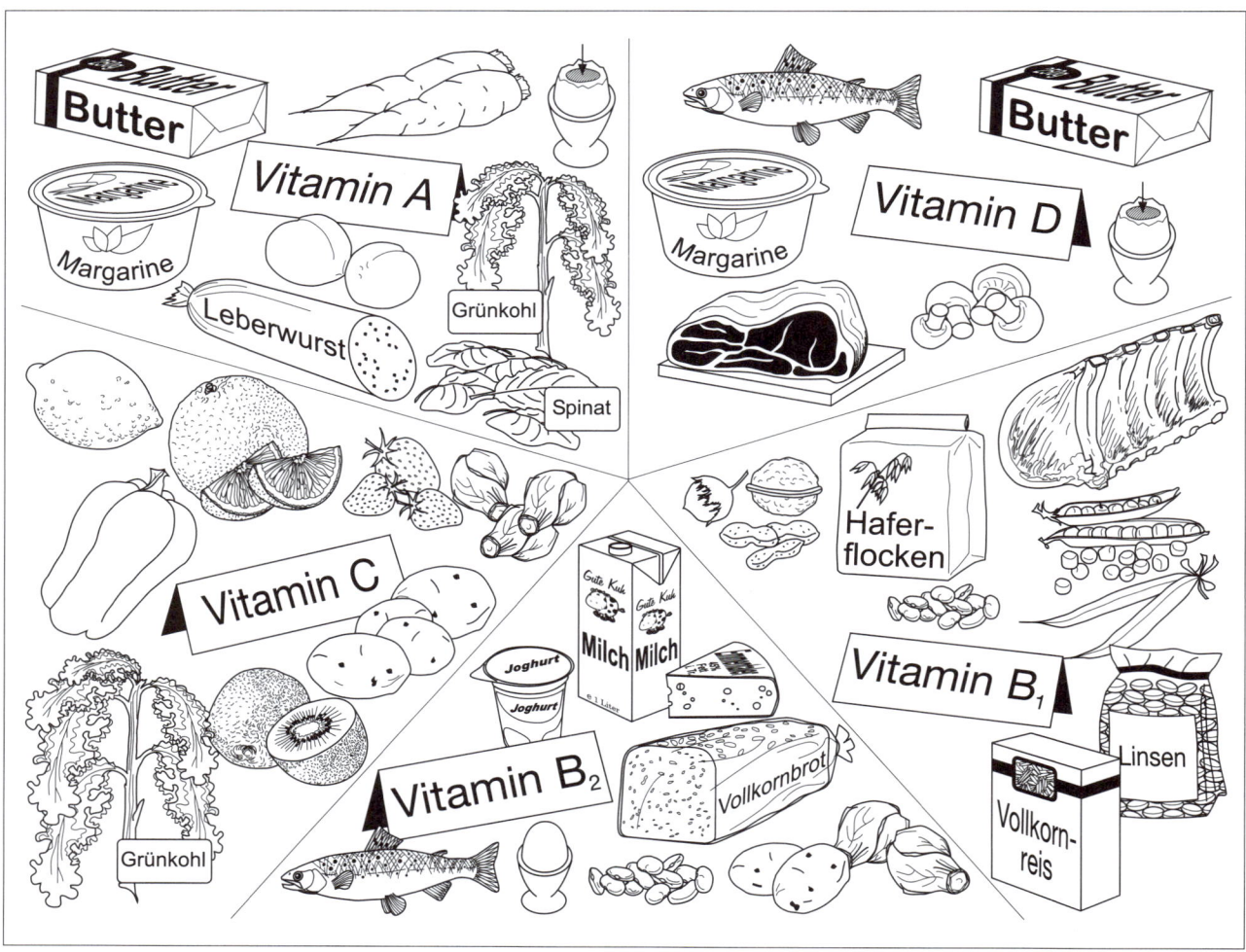

1. Ermittle mithilfe der Abbildung, welche Vitamine in den folgenden Lebensmitteln enthalten sind:

Getreide und -produkte	B_1, B_2	Kartoffeln	C, B_2
Gemüse	C, A	Hülsenfrüchte	B_1, B_2
Obst	C, A	Milch	B_2, D
Eier	B_2; D und A im Eigelb	Fleisch	B_1, D
Fisch	B_2, D	Fette und Öle	A, D

2. Welche Aufgaben haben die verschiedenen Vitamine? Ergänze den folgenden Text. Setze folgende Wörter sinnvoll ein:

> Abwehrkraft   Knochen   Nerven   Sehkraft   Stoffwechsel   Wachstum

Vitamin A fördert die **Sehkraft** der Augen und das **Wachstum**.

Vitamin D ist notwendig für den Aufbau der **Knochen** und Zähne.

B-Vitamine sind wichtig für **Nerven** und den **Stoffwechsel** der Zellen.

Vitamin C stärkt die **Abwehrkraft** bei Erkältung und Krebs.

3.9 Wir achten auf Vitaminerhaltung und Mineralstofferhaltung

Datum:

Vitamin-C-Verlust bei Bohnen beim Lagern

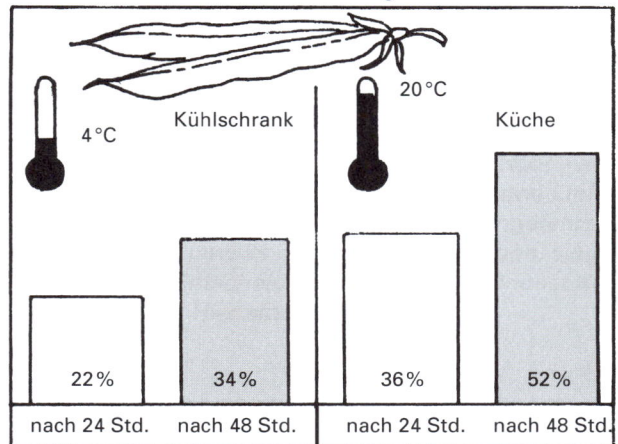

Was müssen wir beim Einkauf, der Lagerung und der Verarbeitung von Obst und Gemüse beachten, um die Vitaminverluste und Mineralstoffverluste möglichst gering zu halten?

Stelle Regeln für die Vitamin- und Mineralstofferhaltung auf.

Durch Luftsauerstoff und Licht werden Vitamine teilweise zerstört.

Deshalb Obst und Gemüse:

– kühl und dunkel lagern.

– frisch kaufen und kurz lagern.

– erst unmittelbar vor dem Essen verarbeiten.

– möglichst unzerkleinert garen.

Vitamin-C-Verlust bei Petersilie nach dem Zerkleinern

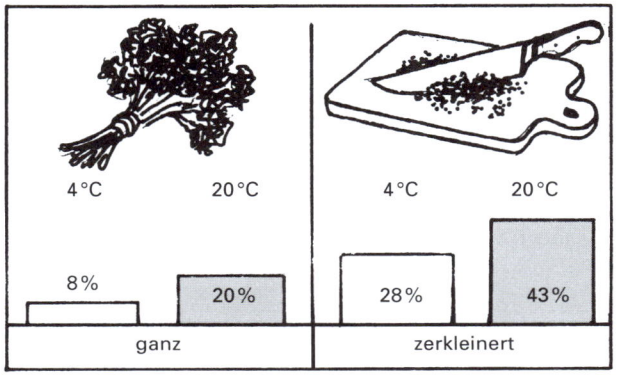

Vitamin-C-Verlust bei geschälten Kartoffeln beim Wässern

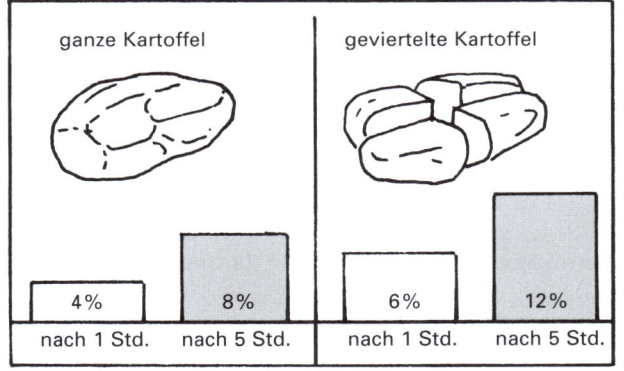

Durch Wasser werden Vitamine und Mineralstoffe teilweise herausgelöst.

Deshalb Obst und Gemüse:

– nicht wässern.

– in kaltem Wasser waschen.

– mit wenig Wasser garen.

Vitamin-C-Verlust beim Garen von Kohlrabi

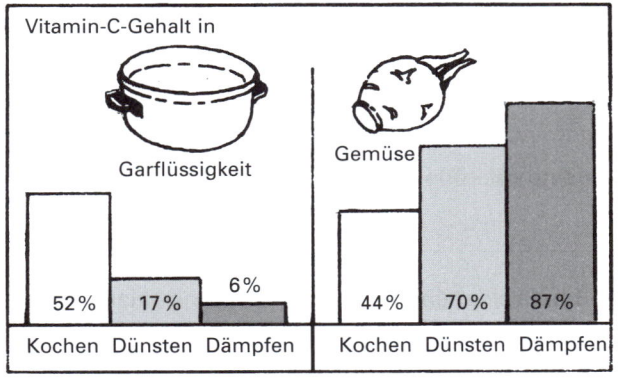

Durch Hitzeeinwirkung werden Vitamine teilweise zerstört.

Deshalb Obst und Gemüse:

– häufig roh verzehren.

– kurz und schonend garen.

– Garflüssigkeit mit verwenden.

Obst, Gemüse, Getränke

3.10 Obst und Gemüse – das ganze Jahr frisch aus dem Gefrierschrank

Datum:

Erdbeeren sollen eingefroren werden.

1. *Beschreibe die einzelnen Arbeitsschritte mithilfe der Abbildungen.*
2. *Gib jeweils eine kurze Begründung.*

①

① Nur frische Lebensmittel verwenden.

Begründung: So ist frische Qualität garantiert.

②

② Möglichst ohne Zuckerzusatz einfrieren.

Begründung: Die Lagerzeit ist sonst verkürzt.

③

③ Wasserreiche Lebensmittel erst einzeln auf einem Tablett schockgefrieren.

Begründung: Die Erdbeeren sind nach dem Auftauen fester.

④

④ Auf einwandfreie, möglichst luftdichte Verpackung achten, z.B. Kunststoff.

Begründung: Sonst kommt es zum Austrocknen.

⑤

⑤ Auf der Verpackung Inhalt und Verpackungsdatum angeben.

Begründung: Der Bestand ist so leichter zu kontrollieren, keine Überlagerungen.

3.11 Konservierungsmethoden – Kreuzworträtsel

Datum:

Ermittle das Lösungswort und übertrage es in die Kästchen.

▶ K O N S E R V I E R U N G

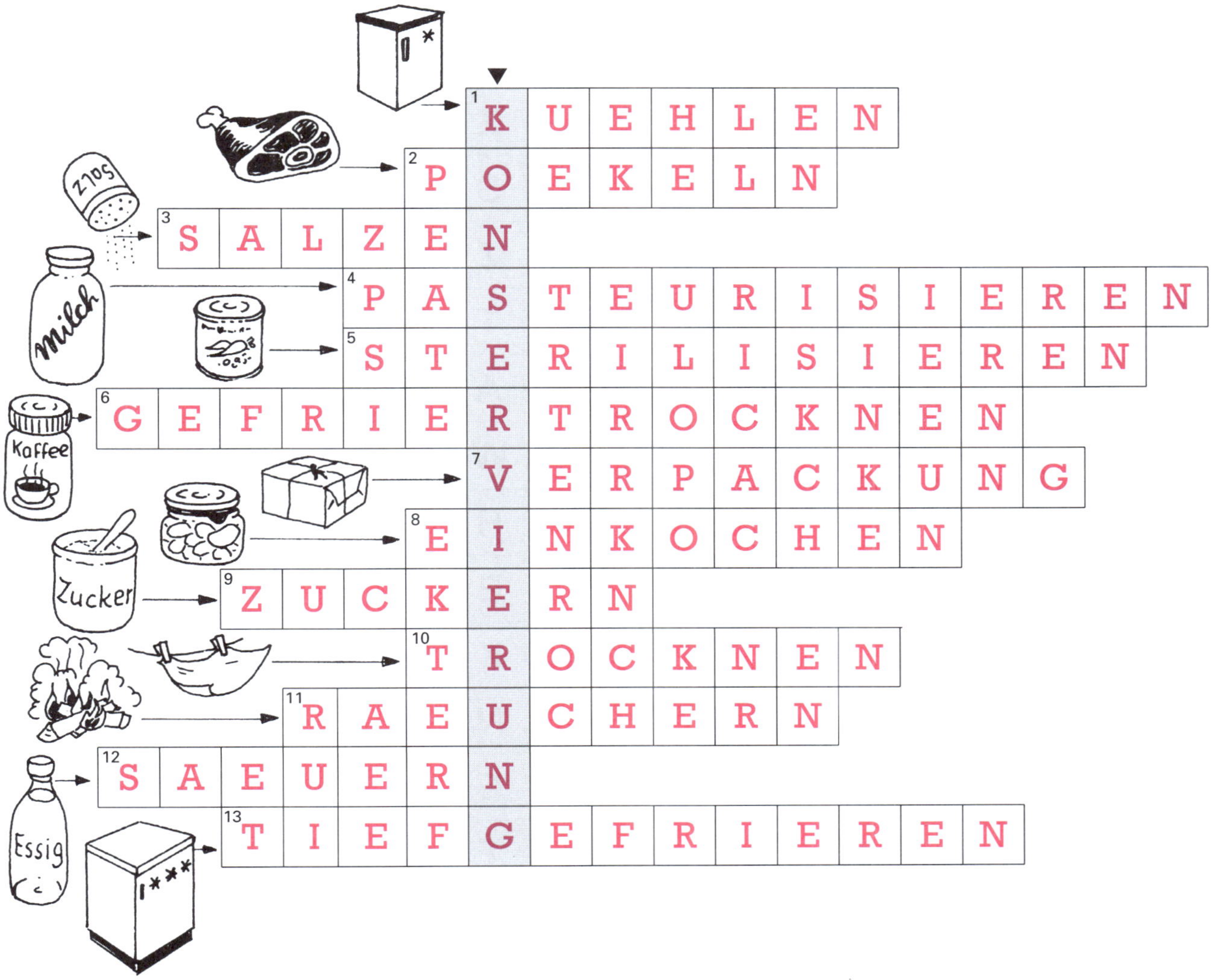

1. KUEHLEN
2. POEKELN
3. SALZEN
4. PASTEURISIEREN
5. STERILISIEREN
6. GEFRIERTROCKNEN
7. VERPACKUNG
8. EINKOCHEN
9. ZUCKERN
10. TROCKNEN
11. RAEUCHERN
12. SAEUERN
13. TIEFGEFRIEREN

Waagerecht

1. … ist ein kurzfristiges Haltbarmachen durch Kälte, über 0 °C.
2. Beim … von Kasseler und anderen Fleischwaren werden Salz und Nitrat zugesetzt.
3. Matjes wird durch … hergestellt.
4. Beim … wird frische Vollmilch kurzfristig auf unter 100 °C erhitzt.
5. Beim … wird Gemüse in Dosen oder Gläsern auf über 100 °C erhitzt.
6. Beim … wird Pulverkaffee durch Wasserentzug aus gefrorenem Kaffee hergestellt.
7. Für haltbar gemachte Lebensmittel benötigt man eine geeignete …, um die Lagerzeit zu erhöhen.
8. Wird 5 im Haushalt durchgeführt, spricht man von … .
9. Beim … werden Lebensmittel durch Zuckerzusatz haltbar gemacht.
10. Beim … wird Wasser entzogen.
11. Schinken, Würste, Aal usw. werden durch … haltbar gemacht.
12. Sauerkraut und Heringe werden durch … haltbar gemacht.
13. … ist ein langfristiges Haltbarmachen durch Kälte.

Senkrecht

1. Das Lösungswort ist ein Überbegriff für alle genannten Verfahren.

Obst, Gemüse, Getränke 45

3.12 Konservierungsmethoden

Datum:

Schwedenrätsel

In diesem Rätsel sind 10 Konservierungsmethoden und 9 Lebensmittel versteckt.

1. Suche diese Begriffe. Sie können waagerecht, senkrecht oder diagonal, vorwärts oder auch rückwärts geschrieben sein.

G	N	U	K	C	A	P	R	E	V	M	U	U	K	A	V
E	M	I	L	C	H	Y	Z	P	G	Z	O	C	K	G	F
R	T	U	A	R	K	R	E	U	A	S	Q	F	G	S	D
E	B	N	P	P	E	Z	S	A	L	Z	E	N	R	T	D
U	L	P	E	U	G	T	F	A	S	T	S	B	O	E	K
T	K	D	W	H	U	T	U	B	R	A	L	T	R	R	A
I	K	E	H	E	C	R	K	O	O	W	S	B	D	I	F
F	G	P	V	F	I	O	C	L	W	H	S	G	K	L	F
N	R	M	Z	Y	R	K	K	Z	I	E	N	J	Y	I	E
O	D	G	B	J	N	B	Q	N	N	K	L	E	Z	S	E
K	R	B	I	E	R	S	C	H	I	N	K	E	N	I	P
J	N	E	N	K	C	O	R	T	R	E	I	R	F	E	G
N	E	R	E	I	S	I	R	U	E	T	S	A	P	R	M
T	I	E	F	G	E	F	R	I	E	R	E	N	C	E	S
S	A	E	U	E	R	N	Z	U	C	K	E	R	N	N	O

2. Notiere die gefundenen
   a) Konservierungsmethoden,
   b) Lebensmittel in alphabetischer Reihenfolge.

1. Einkochen
2. Gefriertrocknen
3. Pasteurisieren
4. Salzen
5. Säuern
6. Sterilisieren
7. Tiefgefrieren
8. Trocknen
9. Vakuumverpackung
10. Zuckern

1. Bierschinken
2. Bohnen
3. Erbsen
4. Gewürze
5. Kaffee
6. Konfitüre
7. Milch
8. Obstsaft
9. Sauerkraut

3. Wähle für die Lebensmittel geeignete Konservierungsmethoden aus.

46 Obst, Gemüse, Getränke

3.13 Wasser-, Energie- und Vitamingehalt

Datum:

1. *Nenne Aufgaben des Wassers im menschlichen Körper:* Baustoff, Lösungsmittel, Transportmittel, Wärmeregulation

Wir sollten täglich 2,5 Liter Wasser mit Lebensmitteln und Getränken zu uns nehmen.

Auch „feste" Lebensmittel enthalten viel Wasser.
2. Kennzeichne den Wassergehalt von einigen „festen" Lebensmitteln in der Abbildung. Male die entsprechenden Anteile in den Lebensmitteln blau an.

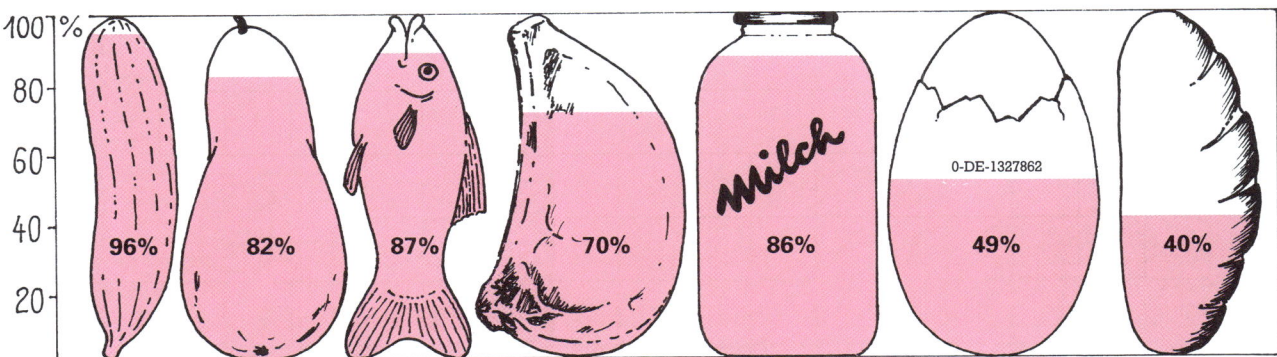

Täglich sollten wir 1 Liter Wasser mit festen Lebensmitteln zu uns nehmen.

Getränke enthalten neben Wasser oft auch viel Zucker.
3. Ordne die abgebildeten Getränke nach ihrem Nährstoffgehalt.
   Welche der abgebildeten Getränke enthalten
   a) wenig Energie,   b) viel Zucker, viel Energie,   c) Energie und Vitamine bzw. Mineralstoffe?
   Einige Getränke kannst du auch in zwei Spalten eintragen.

a) Wenig Energie enthalten:	b) Viel Energie enthalten:	c) Energie und Vitamine enthalten:
Tee	Limonade	Gemüsesaft
Mineralwasser	Bier, Colagetränk	Vollmilch
Kaffee	Kakaotrunk	Buttermilch
	Fruchtsaftgetränk	

Täglich sollten wir 1,5 Liter Wasser mit Getränken zu uns nehmen.

Geeignete Getränke sind: Mineralwasser, Tee (Kräutertee), Gemüsesaft, fettarme Milch, Buttermilch.

Obst, Gemüse, Getränke

3.14 Der natürliche Wasserkreislauf

Datum:

1. Beschrifte die Pfeile und Kästen in der Abbildung und erläutere so den Kreislauf des Wassers in der Natur.
2. Nenne Maßnahmen im Haushalt,
   – durch die Trinkwasser eingespart werden kann:

   Waschen   (Unterschiedliche Antworten sind möglich)

   Spülen

   Körperpflege

   Garten/Regenwasser

   – die zur Gewässerreinhaltung beitragen:

   Waschmittel, Reinigungsmittel

   keine Abfälle in die Toilette

   Sondermüll nicht in den Hausabfall

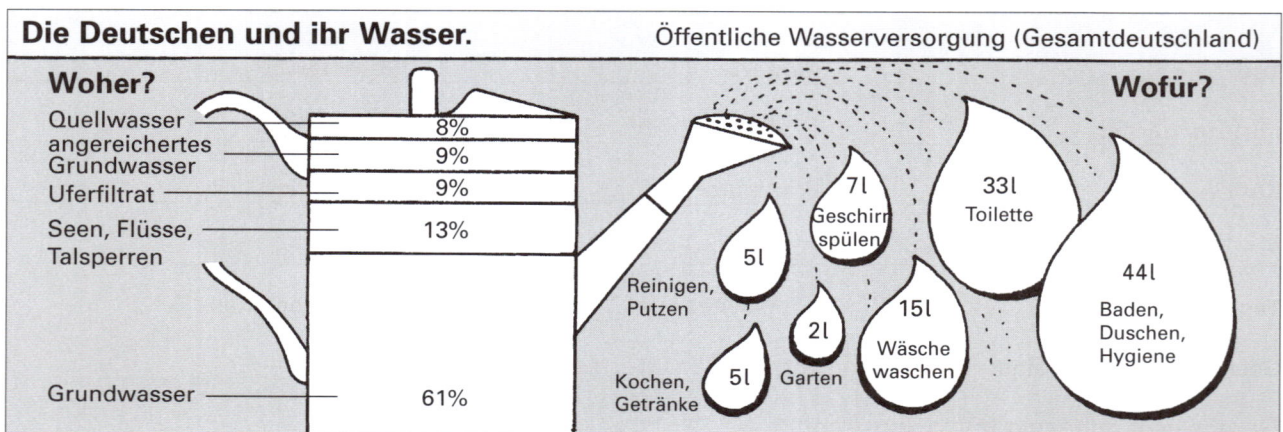

48 Obst, Gemüse, Getränke

4.1 Wir unterscheiden verschiedene Milchsorten

Datum:

1. Übertrage die Angaben auf den Milchpackungen 1 bis 3 in die folgende Tabelle.

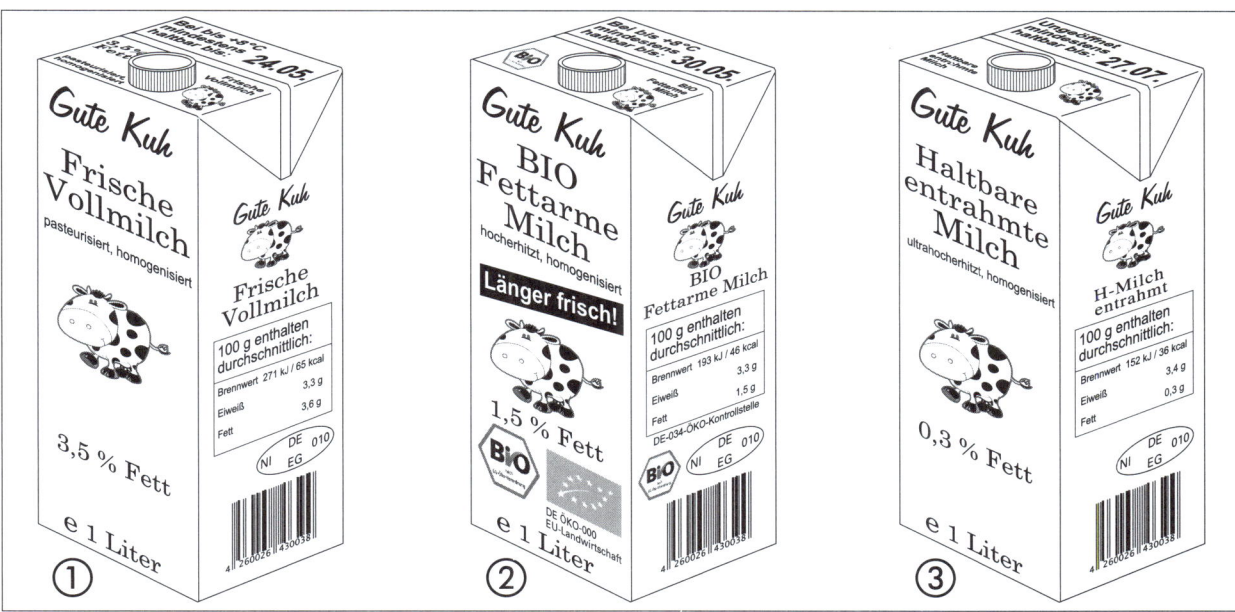

Behandlungsverfahren	Milchpackungen		
	①	②	③
Fettgehaltsstufe	Vollmilch, 3,5 %	fettarm, 1,5 %	entrahmt, 0,3 %
Wärmebehandlungsverfahren	pasteurisiert	hocherhitzt	ultrahoch-erhitzt

2. Erläutere den Begriff „homogenisiert". Die Milch wird unter hohem Druck durch feinste Düsen gepresst; die Fetttröpfchen werden dabei fein zerteilt.

3. Ergänze die Angaben auf den folgenden Milchpackungen 4 bis 6:

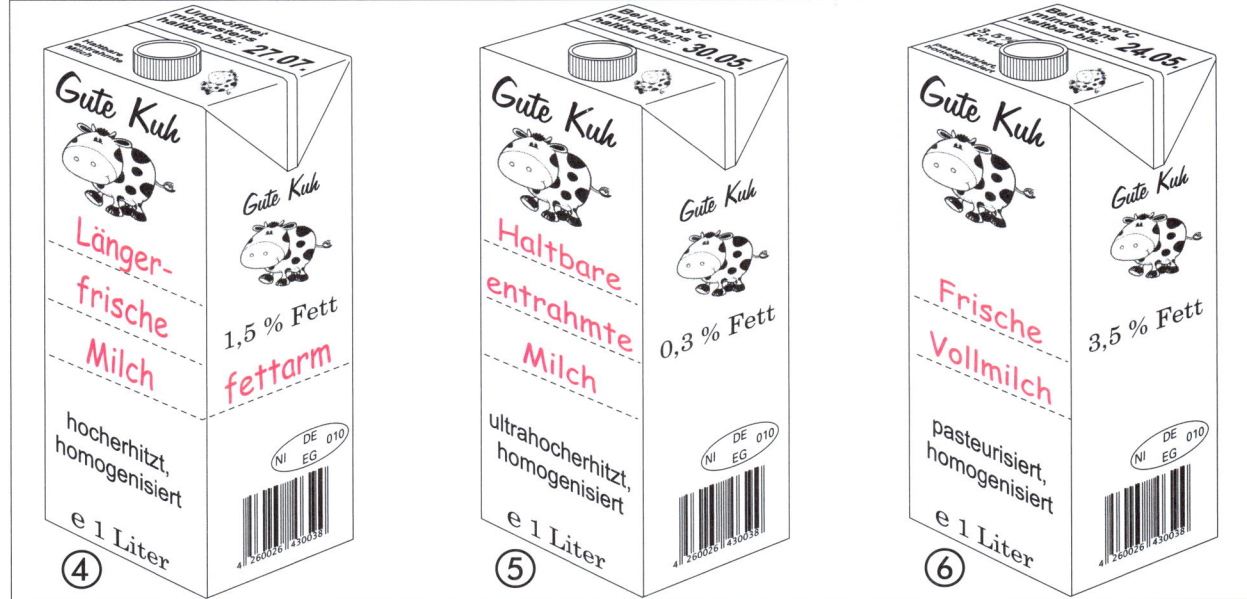

Milch und Milchprodukte

4.2 Wir erstellen eine Lebensmittelkennzeichnung für Erdbeerquark

Datum:

Für den Verkauf sollen 200-g-Becher mit Erdbeerquark erstellt werden.

1. **Ermittle die Preise für die Zutaten und ergänze die notwendige Lebensmittelkennzeichnung auf der Verpackung.**

Erdbeerquark

Zutaten	Preis
250 g Erdbeeren (240 g ohne Abfall)	____
250 g Magerquark	____
⅛ l Vollmilch	____
20 g Zucker	____
1 Vanillinzucker (10 g)	____
645 g Gesamtmenge Gesamtpreis	____

Hersteller: Klasse

Preis: (unterschiedlich)   **Menge:** 200 g

Bezeichnung:
Speisequarkzubereitung
Erdbeeranteil 37 %

Zutaten: MAGERQUARK, Erdbeeren, VOLLMILCH, Zucker, Vanillinzucker

Mindestens haltbar bis: (zwei Tage)
Lagerung: gekühlt bei max. 8 °C

2. **Berechne den Preis für 200 g Erdbeerquark.**

   200 g Erdbeerquark kosten _____ .

3. **Vergleiche die Preise für Erdbeerquark**
   a) gekauft,   b) selbst hergestellt.

4. **Erstellt Werbeplakate:**
   „Erdbeerquark, ein Stück Lebenskraft!"

5. **Organisiert Herstellung und Verkauf des Erdbeerquarks.**

4.3 Wie viel Fett ist wirklich im Käse enthalten?

Datum:

① _31_ g
② _25_ g
③ _18_ g
④ _15_ g
⑤ _7_ g
⑥ _21_ g

1. Ermittle den Fettgehalt der abgebildeten Käsesorten mithilfe der Tabelle, trage die Werte in die jeweiligen Kästen ein.

2. Ergänze den folgenden Text:

Besonders wenig Fett enthält Käse, wenn er einen _hohen_ Wassergehalt und einen _niedrigen_ Fettgehalt hat.
Einen niedrigen Fettgehalt hat _z.B. Frischkäse._
Bei Frischkäse beträgt der tatsächliche Fettgehalt etwa ein Drittel des angegebenen Wertes.

Besonders viel Fett enthält ein Käse, wenn _er einen niedrigen Wassergehalt_

und einen hohen Fettgehalt hat.

Einen hohen Fettgehalt hat _z.B. Emmentaler._

Bei Weich- und Schnittkäse beträgt der tatsächliche Fettgehalt etwa die _Hälfte des angegebenen Wertes_

und bei Hartkäse etwa _zwei Drittel._

Wassergehaltsstufen Käsesorten	Fettgehaltsstufen							
	mager	viertelfett	halbfett	dreiviertel-fett	fett	vollfett	Rahmstufe	Doppel-rahmstufe
	unter 10%	10% Fett i.Tr.	20% Fett i.Tr.	30% Fett i.Tr.	40% Fett i.Tr.	45% Fett i.Tr.	50% Fett i.Tr.	60–85% Fett i.Tr.
Hartkäse Bergkäse, Emmentaler Chester						31 g*		
Schnittkäse Edamer, Gouda Tilsiter Wilstermarschkäse				15 g	21 g	25 g	28 g	43 g
Halbfester Schnittkäse Butterkäse, Edelpilzkäse Steinbuscher				13 g		22 g	25 g	
Sauermilchkäse Harzer-, Mainzer-, Korb-, Handkäse	3 g							
Weichkäse Brie Camembert Weißlacker Limburger				12 g	17 g	20 g	23 g	36 g
Frischkäse Speisequark Rahmkäse Doppelrahmfrischkäse		2 g	5 g	7 g	10 g	12 g	21 g	26 g

* in 100 g enthaltene Fettmenge   ▬▬ angebotene Fettgehaltsstufen

4.4 Käsesorten

Datum:

In diesem Rätsel sind 21 Käsesorten versteckt.

1. Suche diese Namen. Sie können waagerecht, senkrecht oder diagonal, vorwärts oder auch rückwärts geschrieben sein.

2. Notiere die gefundenen Namen in alphabetischer Reihenfolge.

S	S	R	N	K	S	L	E	E	R	D	A	M	E	R	B
P	Z	E	E	T	T	E	L	C	A	R	A	L	O	D	R
L	I	M	B	U	R	G	E	R	Y	Q	X	G	V	C	I
H	X	A	I	A	L	O	Z	N	O	G	R	O	G	M	E
G	U	D	O	G	A	P	P	E	N	Z	E	L	L	E	R
E	S	E	A	K	H	C	S	I	R	F	M	H	A	R	T
M	V	Q	T	R	E	B	M	E	M	A	C	N	A	E	R
M	T	D	B	T	J	Z	Y	B	V	B	A	D	G	T	O
E	H	A	R	Z	E	R	Q	S	N	S	U	D	X	I	F
N	Z	F	V	L	I	N	N	B	E	O	G	J	Y	S	E
T	I	E	G	L	N	B	K	M	G	V	B	H	E	L	U
A	X	T	A	L	L	E	R	A	Z	Z	O	M	O	I	Q
L	N	A	E	S	E	A	K	R	E	T	T	U	B	T	O
E	V	L	U	N	P	O	R	E	T	S	E	H	C	C	R
R	G	J	E	E	S	E	A	K	Z	L	E	M	H	C	S

3. Ermittle den Fettgehalt – in der Trockenmasse – der verschiedenen Käsesorten. (Angaben, soweit im LMBG vorgeschrieben)

1. Appenzeller
2. Brie 45 bis 60 % Fett
3. Butterkäse 45 bis 60 % Fett
4. Camembert 30 bis 60 % Fett
5. Chester 45 bis 60 % Fett
6. Edamer 30 bis 50 % Fett
7. Emmentaler 45 % Fett
8. Feta
9. Gorgonzola
10. Gouda 30 bis 50 % Fett
11. Harzer 10 % Fett
12. Hüttenkäse
13. Leerdamer 45 % Fett
14. Limburger 30 bis 50 % Fett
15. Mozzarella
16. Parmesan 45 % Fett
17. Raclette 45 bis 50 % Fett
18. Rahmfrischkäse 50 % Fett
19. Roquefort
20. Schmelzkäse 10 bis 60 % Fett
21. Tilsiter 30 bis 60 % Fett

5.1 Hühnereier

Datum:

Die Lebensmittelkennzeichnung ist nicht immer leicht zu verstehen.

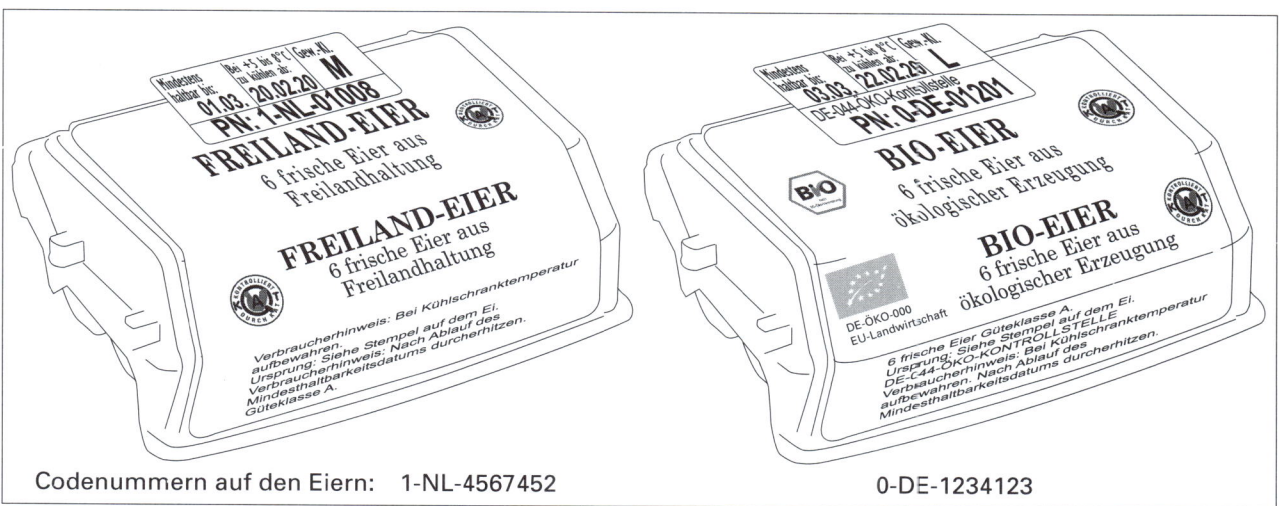

Codenummern auf den Eiern: 1-NL-4567452   0-DE-1234123

1. Übertrage die Angaben auf den Eierpackungen bzw. Eiern geordnet in die folgende Tabelle.

Haltungsform	Freilandhaltung	Ökologische Erzeugung
Erzeugerland	Niederlande	Deutschland
Gewichtsklasse	M	L
Stückzahl	6	6
Mindesthaltbarkeitsdatum	01.03.	03.03.

2. Welche Eier würdest du kaufen? Unterschiedliche Antworten möglich.

   Begründe deine Entscheidung: Schadstoffbelastung evtl. geringer,

   keine Massentierhaltung

3. Erläutere den Verbraucherhinweis „Bei Kühlschranktemperatur aufbewahren". Hühnereier

   können Salmonellen enthalten. Im Kühlschrank können Salmonellen sich kaum vermehren.

4. Wir untersuchen den Aufbau eines Hühnereis.

   Schlage ein Hühnerei in ein Glasgefäß auf.

   Benenne die Bestandteile des Hühnereis.

   Beschrifte die Abbildung des Hühnereis und male sie farbig an.

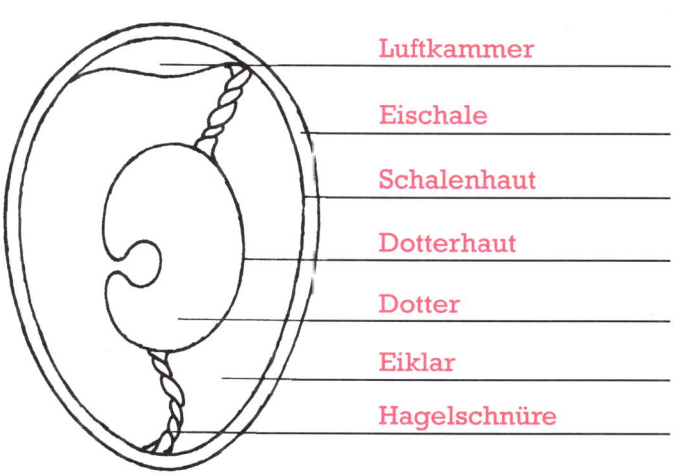

Luftkammer
Eischale
Schalenhaut
Dotterhaut
Dotter
Eiklar
Hagelschnüre

5. Stelle den Nährstoffgehalt von Hühnereiklar in einem Kreisdiagramm dar.

Wasser	87 %
Eiweiß	11 %
Kohlenhydrate	1 %
Mineralstoffe	1 %

Male die Nährstoffe in dem Kreisdiagramm farbig an.

Wasser	blau
Eiweiß	rot
Kohlenhydrate	grün
Mineralstoffe	braun

Berechne den Energiegehalt.

230 kJ in 100 g

1 Eiklar wiegt 30 g

1 Eiklar liefert __69__ kJ

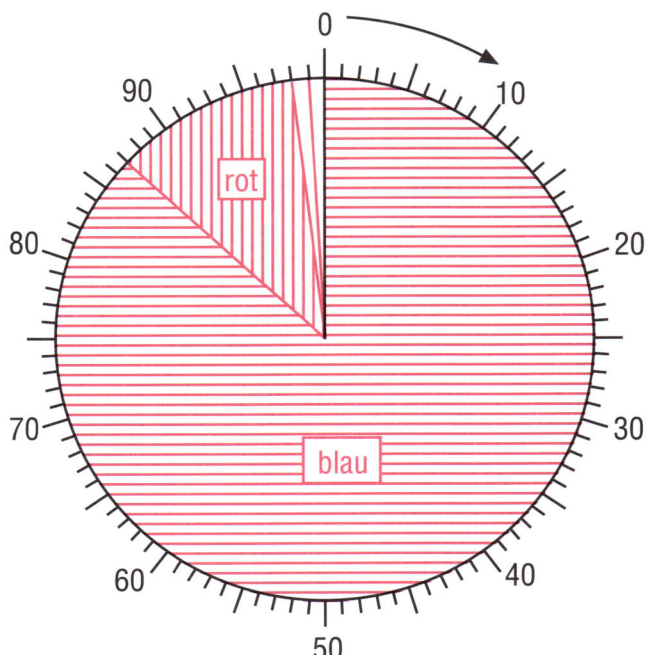

Stelle den Nährstoffgehalt von Hühnereidotter in einem Kreisdiagramm dar.

Wasser	50 %
Eiweiß	16 %
Fett	32 %
Mineralstoffe	2 %

Male die Nährstoffe in dem Kreisdiagramm farbig an.

Wasser	blau
Eiweiß	rot
Fett	gelb
Mineralstoffe	braun

Berechne den Energiegehalt.

1500 kJ in 100 g

1 Eidotter wiegt 20 g

1 Eidotter liefert __300__ kJ

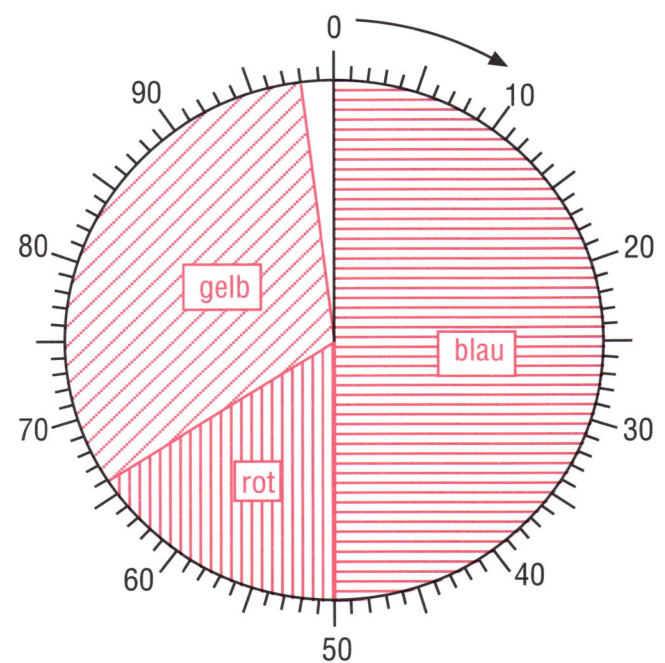

6. Ergänze den folgenden Text:

Besonders Eidotter enthält viel hochwertiges __Eiweiß__, __Mineralstoffe__ und __Vitamine__, aber auch reichlich __Fett__ und __Cholesterin__. Ein erhöhter Blutcholesteringehalt ist ein Risikofaktor für das Entstehen eines __Herzinfarkts__.

Wer gesund ist und sich __abwechslungsreich__ ernährt, braucht nicht auf sein Frühstücksei zu __verzichten__.

5.2 Salmonellose – eine Lebensmittelinfektion

Datum:

1. Ergänze zunächst den folgenden Lückentext.

Hähnchen vor dem Garen im <u>Kühlschrank</u> auftauen lassen. Die Auftauflüssigkeit in einem <u>Gefäß</u> auffangen, <u>sorgfältig</u> beseitigen. Das Gefäß sorgfältig reinigen.

Bei einer Salmonellose können sich <u>Salmonellen</u> im <u>Darm</u> ansiedeln.

Die Salmonellen werden mit dem Stuhl <u>ausgeschieden</u>. Betroffene Personen können andere Menschen <u>anstecken</u>, ohne selbst <u>Krankheitssymptome</u> zu zeigen.

Nach jeder <u>Toilettenbenutzung</u> die Hände waschen.

Geräte, die mit Fleisch in Berührung kamen, z. B. Abtropffläche, <u>gründlich reinigen</u>.

Speisen nicht <u>längere Zeit</u> warm halten.

Bei Speisen mit rohen Eiern nur Eier verwenden, die nicht älter <u>als fünf Tage</u> – Legedatum – sind.

2. Lies die Fallbeispiele.
Nenne mögliche Gründe für die Erkrankungen.

Fallbeispiel 1: In einer Kantine soll es Hähnchen geben. Die tiefgekühlten Hähnchen werden über Nacht auf der Abtropffläche der Spüle aufgetaut. Am nächsten Morgen werden die Hähnchen gegart. Die Abtropffläche wird kurz abgewischt. Danach werden die gekochten Kartoffeln zum schnelleren Abkühlen auf die Abtropffläche der Spüle geschüttet. Die Kartoffeln sollen bald zu einem Kartoffelsalat für den nächsten Tag verarbeitet werden. Am nächsten Tag erkranken die Kantinenbesucher, die von dem Kartoffelsalat aßen.

<u>In den Hähnchen befanden sich Salmonellen, die mit der Auftauflüssigkeit auf die Abtropffläche der Spüle gelangten. Die Kartoffeln wurden mit Salmonellen infiziert und konnten sich in dem Kartoffelsalat vermehren. Die Kantinenbesucher erkrankten an einer Salmonellose.</u>

Fallbeispiel 2: Herr K. ist als Hauswirtschaftshelfer in einem Hotel tätig. Er hat gerade einen dreiwöchigen Urlaub in Spanien verbracht. In der ersten Woche hatte er unter einer schweren Darmerkrankung gelitten, inzwischen hat er sich davon gut erholt. Gemeinsam mit der Köchin stellt er für einen Empfang am Abend Platten mit belegten Schnittchen her. Am nächsten Tag erkranken viele Gäste, sie haben Durchfall bzw. müssen sich erbrechen.

<u>Herr K. hatte während seines Urlaubs in Spanien eine Salmonellose – Durchfallerkrankung. Die Salmonellen siedelten sich dabei in seinem Darm an. Er scheidet nun Salmonellen aus. Nach dem Toilettenbesuch hat er sich evtl. nicht die Hände gewaschen. Die Schnittchen wurden durch Herrn K. infiziert.</u>

5.3 Schadstoffe, Zusatzstoffe und Mikroorganismen – Silbenrätsel

Datum:

1. *Zu erraten sind Begriffe. Setze sie aus den Silben zusammen und streiche die entsprechenden Silben durch.*

2. *Schreibe die Buchstaben, die mit ⊛ gekennzeichnet sind, in die Kästchen am Ende der Zeile. Diese Buchstaben ergeben in der richtigen Reihenfolge das Lösungswort.*

AF – BEN – BER – BLEI – BO – CAD – DE – EI – ER – FARB – FE – GER – LA – LEN – LIS – MI – MI – MO – MO – MUS – NE – NEL – NIT – PES – PLAS – QUECK – RE – RE – RO – SA – SAEU – SAL – SE – SIL – STOF – TER – TI – TO – TO – TU – UM – XIN – XO – ZI – ZOE

1. In Tintenfischen, Wildpilzen, Leber und Niere ist dieser Schadstoff enthalten.
   C A D M I U M — M

2. Dieser Schadstoff befindet sich auf der Oberfläche von Pflanzen.
   B L E I — B

3. In Fischen, die am Ende der Nahrungskette stehen, z. B. Thunfisch, ist dieser Schadstoff enthalten.
   Q U E C K S I L B E R — L

4. Ein von Schimmelpilzen gebildeter Giftstoff.
   A F L A T O X I N — T

5. Diese Mikroorganismen sind in Eiern und Geflügelfleisch.
   S A L M O N E L L E N — L

6. Diese Krankheit wird durch Katzen übertragen.
   T O X O P L A S M O S E — E

7. Mikroorganismen, die diese Krankheit verursachen, benötigen keinen Sauerstoff.
   B O T U L I S M U S — T

8. Diese Mikroorganismen befinden sich bei Erkältungen auf Nasen- und Rachenschleimhäuten.
   E I T E R E R R E G E R — I

9. Azorubin gehört zu dieser Gruppe der Zusatzstoffe.
   F A R B S T O F F E — E

10. Gesucht wird ein chemischer Konservierungsstoff.
    B E N Z O E S A E U R E — E

11. Gesucht wird ein Sammelbegriff für Pflanzenschutz- und Schädlingsbekämpfungsmittel.
    P E S T I Z I D E — S

12. Der Stoff entsteht aus Nitrit und ist krebserregend.
    N I T R O S A M I N E — N

Lösungswort: Wähle naturbelassene   L E B E N S M I T T E L

Eier, Fisch, Fleisch, Wurst

5.4 Fisch – zu selten auf unserem Speisezettel

1. **Stelle den Nährstoffgehalt von Magerfisch, Seelachs, in einem Kreisdiagramm dar.**

Wasser	79 %
Eiweiß	18 %
Fett	1 %
Mineralstoffe	2 %

   Male die Nährstoffe in dem Kreisdiagramm farbig an.

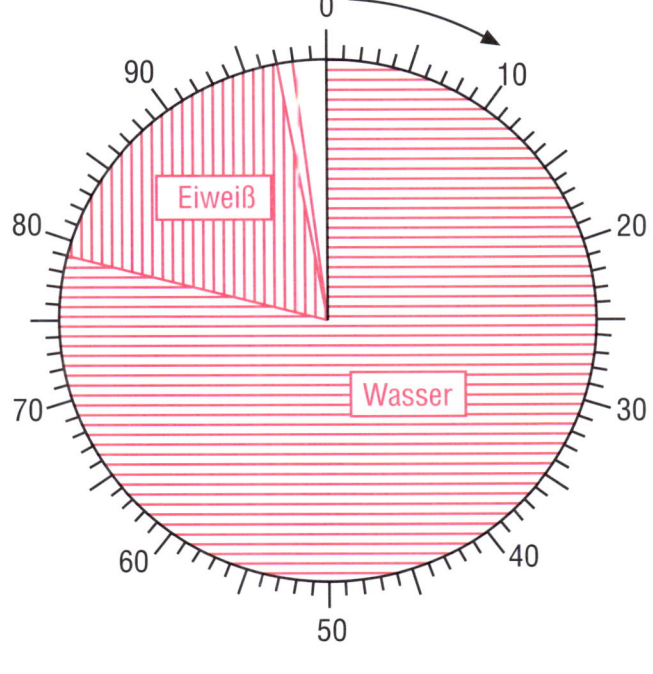

2. **Nenne weitere Magerfische.**

   Seefische: Dorsch, Rotbarsch, Scholle, Heilbutt, Schellfisch

   Süßwasserfische: Forelle, Karpfen, Felchen

3. **Stelle den Nährstoffgehalt von Fettfisch, Hering, in einem Kreisdiagramm dar.**

Wasser	75 %
Eiweiß	13 %
Fett	10 %
Mineralstoffe	2 %

   Male die Nährstoffe in dem Kreisdiagramm farbig an.

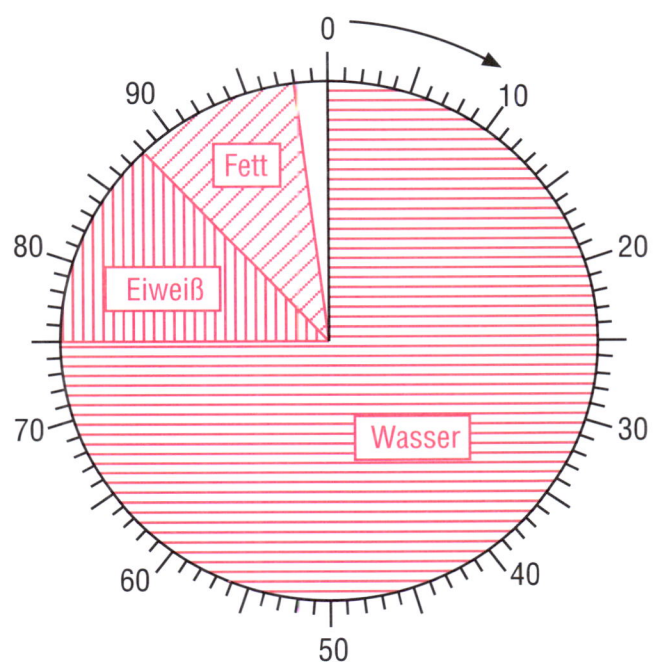

4. **Nenne weitere Fettfische.**

   Seefische: Makrele, Thunfisch, Sprotte, Hering

   Süßwasserfische: Aal, Lachs

5. **Ergänze den folgenden Text:**

   Magerfisch ist energie arm und fett arm, er ist eiweiß reich und mineralstoff reich. Fisch enthält hochwertiges Eiweiß . Seefisch ist ein wichtiger Jodlieferant .

   Jod ist Bestandteil der Schilddrüsenhormone. Bei Jodmangel ist der Grundumsatz der Zellen herabgesetzt.

   Die Bundesrepublik Deutschland gehört zu den Jodmangelgebieten .

   Fischfleisch ist leicht verdaulich , es hat wenig Bindegewebe . Der geringe Sättigungswert von Fisch kann durch die Zugabe von Rohkost verbessert werden.

5.5. Fisch – Kreuzworträtsel

Löse das Kreuzworträtsel zum Thema Fisch.

Datum:

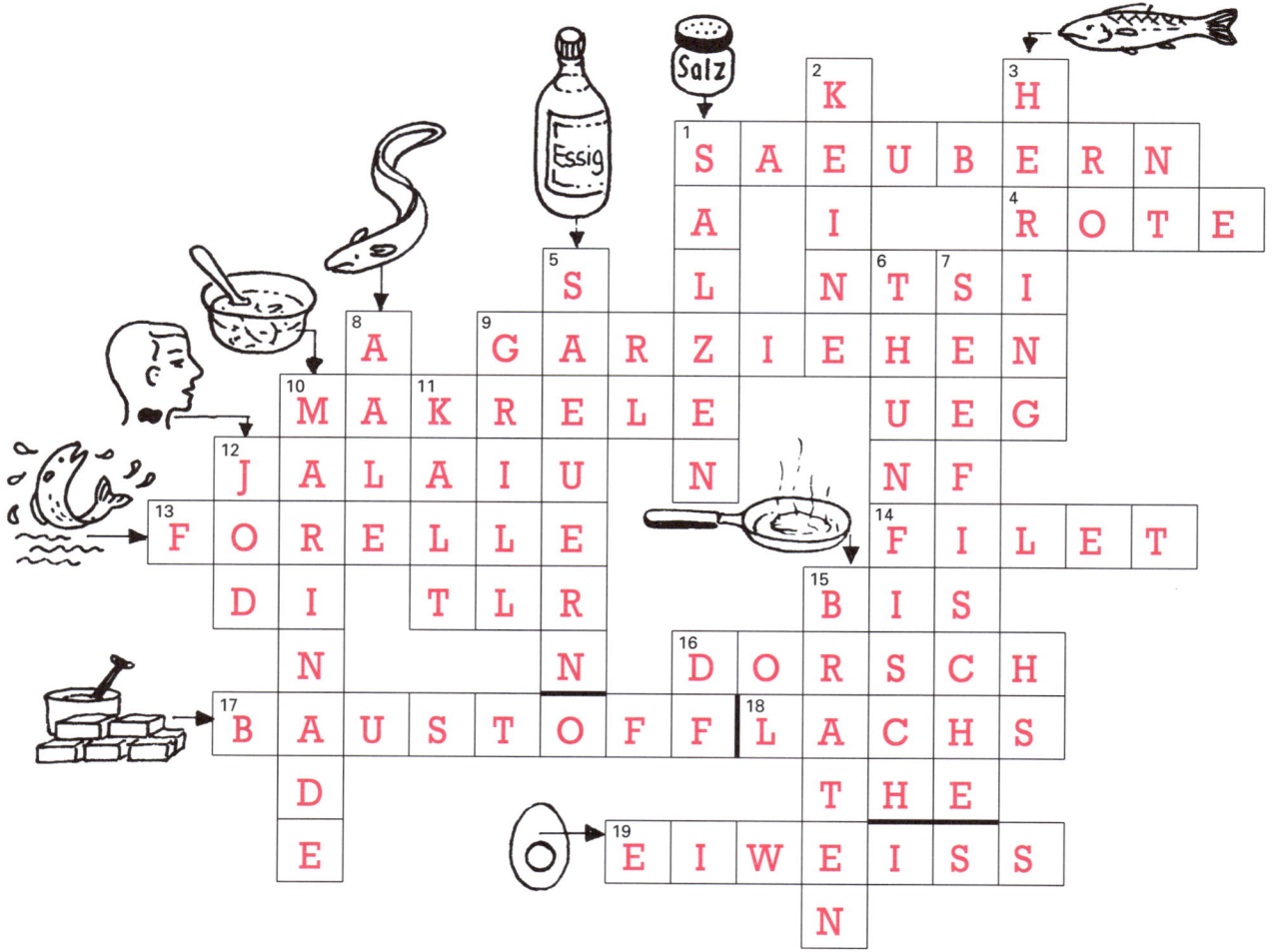

Waagerecht

1. Fisch vor dem Garen kurz unter fließendem kalten Wasser …
4. Frischer Fisch hat … Kiemen.
9. … ist eine schonende Zubereitungsmethode für Fisch.
10. … ist ein Fettfisch, der in der Ostsee und der Nordsee lebt.
13. … ist ein Magerfisch, der in Bächen und Seen lebt.
14. Frischer Fisch wird als ganzer Fisch oder als … angeboten.
16. … ist ein anderer Name für den Seefisch Kabeljau.
17. Eiweiß dient dem Körper als …
18. … ist ein Fettfisch, der oft auch in Massentierhaltung erzeugt wird.
19. Fisch enthält reichlich …

Senkrecht

1. Fisch erst unmittelbar vor dem Garen …
2. Frischer Fisch hat … Druckstellen.
3. … ist ein Fettfisch, der auch als Rollmops angeboten wird.
5. Fisch mit Zitronensaft oder Essig …, das Fischfleisch wird weiß und fest.
6. … ist ein größerer Fettfisch, der einen hohen Schadstoffgehalt aufweisen kann.
7. Kabeljau, Scholle, Makrele und Hering sind …
8. … sind Fettfische, die in Binnengewässern leben und im Atlantik laichen.
9. … ist ein Bratrost, auf dem Fisch bei starker Hitze gegart werden kann.
10. Bismarckheringe, Rollmöpse usw. werden in … eingelegt.
11. Bismarckheringe usw. isst man …
12. Seefische enthalten besonders reichlich den Mineralstoff …
15. … ist eine schnelle Zubereitungsmethode für Fisch.

5.6 Rätselhaftes zum Thema Jod

Datum:

1. K R O P F
   11 18 15 16 6

2. T H Y R O X I N
   20 8 25 18 15 24 9 14

3. S E E F I S C H
   19 5 5 6 9 19 3 8

4. M I K R O G R A M M
   13 9 11 18 15 7 18 1 13 13

5. J O D S A L Z
   10 15 4 19 1 12 26

6. J O D M A N G E L G E B I E T
   10 15 4 13 1 14 7 5 12 7 5 2 9 5 20

7. S E N K T
   19 5 14 11 20

8. V O R B E U G E N
   22 15 18 2 5 21 7 5 14

9. B R O T
   2 18 15 20

10. M E E R
    13 5 5 18

11. S U E S S W A S S E R
    19 21 5 19 19 23 1 19 19 5 18

12. U N T E R F U N K T I O N
    21 14 20 5 18 6 21 14 11 20 9 15 14

13. S C H E L L F I S C H
    19 3 8 5 12 12 6 9 19 3 8

14. S E E L A C H S
    19 5 5 12 1 3 8 19

15. R E G E L M A E S S I G
    18 5 7 5 12 13 1 5 19 19 9 7

16. K E I N E
    11 5 9 14 5

17. A R Z T
    1 18 26 20

Lösung

S E H R   G U T   G E M A C H T
19 5 8 18 7 21 20 7 5 13 1 3 8 20

1. Nach Karies ist der … die zweithäufigste Erkrankung in Deutschland.
2. Jod wird zur Bildung des Schilddrüsenhormons … benötigt.
3. Besonders viel Jod enthält …
4. Der tägliche Jodbedarf beträgt 200 …
5. Wenn Salz, dann …
6. Deutschland ist immer noch ein leichtes …
7. Eine Unterfunktion der Schilddrüse … den Grundumsatz.
8. … ist besser als heilen.
9. Beim Bäcker nachfragen, ob das … mit Jodsalz gebacken wurde.
10. Während der Eiszeit wurde der Boden ausgewaschen, das Jod gelangte ins …
11. Fisch aus … enthält wenig Jod.
12. Bei Jodmangel kommt es zu einer Schilddrüsen …
13. … ist eine besonders jodreiche Fischsorte.
14. … ist ebenfalls eine jodreiche Fischsorte.
15. Fisch gehört … auf den Speiseplan.
16. Meersalz enthält … ausreichenden Mengen an Jod.
17. Jodtabletten nur nach Absprache mit dem … einnehmen.

5.7 Fleischlos glücklich? (nach Fritz Wolf)

Datum:

1. Tragt jeweils passende Äußerungen in die Sprechblasen ein.
2. Ergänzt die letzte Abbildung durch eine Zeichnung oder einen Text.

Vegetarier gelten in unserer Fressgesellschaft immer noch als Außenseiter, …

…die sich angeblich nur von Grünzeug…

…und Körnern ernähren…

…und darum nie frei von Futterneid sind.

Sie müssen den Spott von Arbeitskollegen…

…und die Empfehlungen eingebildeter Ober ertragen.

Zu einer vegetarischen Lebensweise muss man sich konsequent…

…und nicht halbherzig entschließen, …

Massentierhaltung oder Schadstoffe

(Unterschiedliche Antworten sind möglich!)

…denn es gibt triftige Gründe, Vegetarier zu werden.

5.8 Eiweißstoffe haben eine unterschiedliche biologische Wertigkeit

Zwanzig verschiedene Aminosäuren sind die Grundbausteine der Eiweißstoffe. Auch im menschlichen Körper wird Eiweiß aus diesen Aminosäuren aufgebaut. Werden nicht alle benötigten Aminosäuren mit der Nahrung aufgenommen, so kann der Mensch einige davon selbst herstellen. Acht Aminosäuren müssen dagegen mit der Nahrung aufgenommen werden, man spricht deshalb von lebensnotwendigen oder essenziellen Aminosäuren.
Das Vorkommen der acht essenziellen Aminosäuren bestimmt die biologische Wertigkeit eines Eiweißstoffes, d. h., wie weit das aufgenommene Eiweiß in Körpereiweiß umgebaut werden kann. Die essenzielle Aminosäure, die am wenigsten vorhanden ist, begrenzt die Eiweißausnutzung.

Biologische Wertigkeit von pflanzlichem Eiweiß

1. Ergänze den folgenden Text:

Die 6. Aminosäure ist am wenigsten vorhanden, sie ist nur zu 35 % enthalten.

Alle anderen essenziellen Aminosäuren sind in größerer Menge vorhanden.

Die biologische Wertigkeit des pflanzlichen Eiweißstoffes ist niedrig, sie beträgt 35 %.

2. Kennzeichne die biologische Wertigkeit in der Abbildung.

3. Male die Abbildung farbig an.

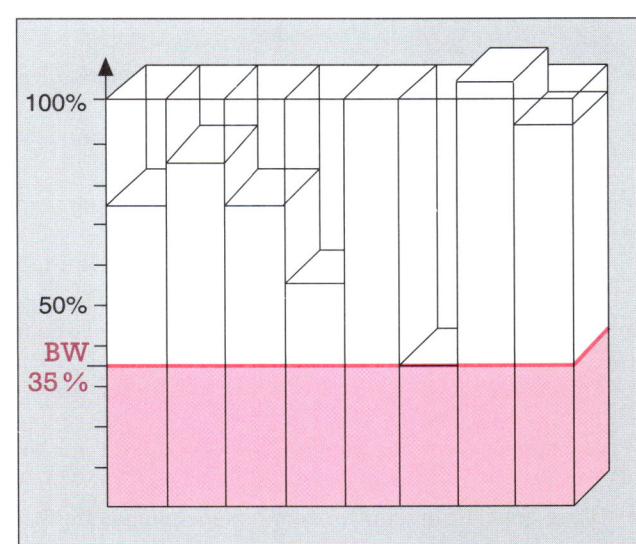

Biologische Wertigkeit von tierischem Eiweiß

1. Ergänze den folgenden Text:

Die 4. Aminosäure ist am wenigsten vorhanden, sie ist zu 76 % enthalten.

Alle anderen essenziellen Aminosäuren sind in größerer Menge vorhanden.

Die biologische Wertigkeit des tierischen Eiweißstoffes ist hoch, sie beträgt 76 %.

2. Kennzeichne die biologische Wertigkeit in der Abbildung.

3. Male die Abbildung farbig an.

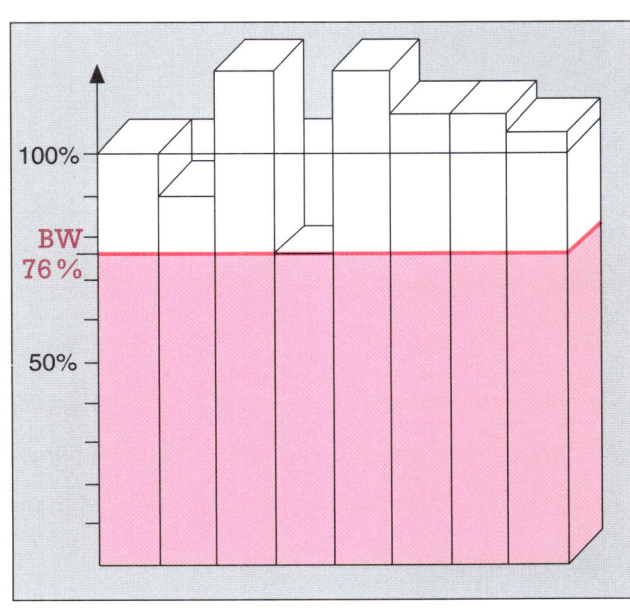

5.9 Eiweiß – ein lebensnotwendiger Baustoff für unseren Körper

Datum:

Vervollständige den Text.
Die unten stehenden Begriffe helfen dir dabei.

- Alle Zellen benötigen täglich neues Eiweiß als **Baustoff**. Haut, Muskulatur, Haar: Alle Bestandteile des Körpers enthalten Eiweiß.

- Jugendliche gehören zu den Personengruppen mit einem **erhöhten** Eiweißbedarf: Sie benötigen Eiweiß nicht nur zur **Erneuerung**, sondern auch zum **Aufbau** neuer Zellen.

- Eine **unzureichende** Eiweißzufuhr führt zu Mangelerscheinungen – ohne Eiweiß wäre kein **Leben** möglich.

- Alle unterschiedlichen Eiweißstoffe des Körpers sind aus nur zwanzig verschiedenen **Aminosäuren** aufgebaut.

- Zwölf Aminosäuren kann unser Körper selbst aus anderen Aminosäuren aufbauen, **acht** Aminosäuren kann unser Körper nicht selbst **aufbauen**. Wir müssen sie in ausreichender Menge mit der **Nahrung** aufnehmen.

- Diese acht Aminosäuren sind essenziell, das heißt **lebensnotwendig**.

- Die biologische Wertigkeit der **Eiweißstoffe** der verschiedenen Lebensmittel ist unterschiedlich hoch.

- Die **biologische Wertigkeit** gibt an, wie viel Prozent Körpereiweiß wir aus Nahrungseiweiß aufbauen können.

- Durch eine **geschickte** Zusammenstellung der Lebensmittel kann die biologische Wertigkeit erhöht werden, da sich die Eiweißstoffe gegenseitig **ergänzen**. Man spricht vom **Ergänzungswert**.

- Der Ergänzungswert ist nicht nur bei einem gemeinsamen Verzehr von **pflanzlichen** und **tierischen** eiweißreichen Lebensmitteln möglich, sondern auch beim gemeinsamen Verzehr von verschiedenen pflanzlichen **eiweißreichen Lebensmitteln**. Ein gutes Beispiel dafür finden wir in den Mittelmeerländern, hier werden oft Getreideprodukte, z. B. gefüllt mit Erbsenbrei, verzehrt. Die biologische Wertigkeit ist bei diesen Speisen fast so hoch wie beim Fleisch.

---

acht   Aminosäuren   Aufbau   aufbauen   Baustoff   biologische Wertigkeit   unzureichende   Eiweißstoffe   ergänzen   Ergänzungswert   erhöhten   Erneuerung   geschickte   Leben   lebensnotwendig   Nahrung   pflanzlichen   tierischen   eiweißreichen Lebensmitteln

5.10 Rätselhaftes zum Thema Eiweiß

Datum:

1. A M I N O S A E U R E N
   2 17 5 9 7 1 2 13 21 10 13 9

2. S T I C K S T O F F
   1 20 5 4 16 1 20 7 3 3

3. A U F B A U
   2 21 3 11 2 21

   E R H A L T U N G
   13 10 6 2 8 20 21 9 14

4. Z W A N Z I G
   26 23 2 9 26 5 14

5. D I P E P T I D
   12 5 19 13 19 20 5 12

6. D E N A T U R I E R T
   12 13 9 2 20 21 10 5 13 10 20

7. P E P T I D A S E N
   19 13 19 20 5 12 2 1 13 9

8. E S S E N Z I E L L
   13 1 1 13 9 26 5 13 8

9. M I L C H
   17 5 8 4 6

10. F E T T
    3 13 20 20

11. B A L L A S T S T O F F E
    11 2 8 8 2 1 20 1 20 7 3 3 13

12. Z W E I   D R I T T E L
    26 23 13 5   12 10 5 20 20 13 8

13. V E R E D E L U N G S V E R L U S T E N
    22 13 10 13 12 13 8 21 9 14 1 22 13 10 8 21 1 20 13 9

14. K O E R P E R E I W E I S S
    16 7 13 10 19 13 10 13 5 23 13 5 1 1

15. H O E H E R E N
    6 7 13 6 13 10 13 9

16. G I C H T
    14 5 4 6 20

17. G E D E C K T
    14 13 12 13 4 16 20

Lösung

O H N E   E I W E I S S   K E I N   L E B E N
7 6 9 13   13 5 23 13 5 1 1   16 13 5 9   8 13 11 13 9

1. Grundbausteine der Eiweißstoffe sind … .
2. Eiweiß enthält neben den Elementen Wasserstoff und Sauerstoff auch … .
3. Der Körper benötigt Eiweiß zum … und zur … der Zellen.
4. Es gibt … verschiedene Aminosäuren.
5. Zwei Aminosäuren verbinden sich zu einem … .
6. Im Magen werden die Eiweißstoffe durch Salzsäure … .
7. … sind Enzyme, die Eiweiß spalten.
8. Acht Aminosäuren sind … .
9. … hat eine hohe biologische Wertigkeit.
10. Tierische eiweißreiche Lebensmittel enthalten oft größere Mengen an … .
11. Pflanzliche eiweißreiche Lebensmittel enthalten meist auch Vitamine, Mineralstoffe und … .
12. … der Eiweißzufuhr sollten aus pflanzlichen Lebensmitteln stammen.
13. Bei der Erzeugung von Fleisch – tierischem Eiweiß – kommt es zu … .
14. Die biologische Wertigkeit gibt an, welcher Anteil in … umgebaut werden kann.
15. Jugendliche haben einen … Eiweißbedarf.
16. Eine zu hohe Eiweißzufuhr kann zu … führen.
17. Der Eiweißbedarf muss auf jeden Fall … werden.

5.11 Wir überprüfen die Eiweißzufuhr

Datum:

1. a) Berechne die Gesamt-Istzufuhr an Energie und Eiweiß.
   b) Berechne die tägliche Gesamteiweiß-Sollzufuhr.
2. Unterstreiche Lebensmittel, die pflanzliches Eiweiß enthalten, rot, und Lebensmittel, die tierisches Eiweiß enthalten, grün. Übertrage die Grammangaben in die entsprechenden Spalten.
3. Wie viel Gramm a) pflanzliches Eiweiß, b) tierisches Eiweiß isst Michael täglich?
4. Mache Verbesserungsvorschläge. Wie kann Michael sich gesünder ernähren?

Tageskostplan von Michael, 16 Jahre, Körpergewicht 64 kg, Gesamtenergiebedarf 11 200

	Menge	Lebensmittel	Energie		Eiweiß in g		
			kJ	kcal	insgesamt	pflanzlich	tierisch
1. Frühstück	40 g	Brötchen, Semmel (1 Stück)	426	101	3	3	–
	50 g	Roggenvollkornbrot (1 Scheibe)	428	102	3	3	–
	20 g	Butter (5 TL)	620	148	+	–	+
	57 g	Hühnerei (1 Stück)	370	88	7	–	7
	30 g	Doppelrahmfrischkäse (1 Portion)	497	118	5	–	5
	50 g	Schinken, gekocht (1 Scheibe)	553	132	10	–	10
	20 g	Konfitüre	224	53	+	+	–
	250 ml	Früchtetee	0	0	0	0	–
		Istzufuhr 1. Frühstück	3 118	742	28	6	22
2. Frühstück	50 g	Vollmilchschokolade (½ Tafel)	1 160	276	5	5	–
		Istzufuhr 2. Frühstück	1 160	276	5	5	0
Mittagessen	150 g	Schweineschnitzel (1 großes Stück)	653	155	32	–	32
	10 g	Maiskeimöl (1 EL)	370	88	0	0	–
	200 g	Kartoffelsalat mit Öl	770	183	4	4	–
	200 g	Bohnensalat	420	100	2	2	–
	75 g	Eiscreme	671	160	3	–	3
	30 g	Schlagsahne	381	90	1	–	1
		Istzufuhr Mittagessen	3 265	776	42	6	36
Nachmittag	50 g	Kartoffelchips (kleine Tüte)	1 180	281	3	3	–
	330 g	Cola-Getränk (1 Dose)	611	145	0	0	–
		Istzufuhr Nachmittag	1 791	426	3	3	0
Abendessen	40 g	Roggenmischbrot (1 Scheibe)	362	86	2	2	–
	50 g	Roggenvollkornbrot (1 Scheibe)	428	102	3	3	–
	20 g	Margarine (5 TL)	594	141	+	+	–
	30 g	Leberwurst, grob (1 Portion)	534	127	4	–	4
	30 g	Edamer Käse, 45 % i.Tr. (1 Scheibe)	443	105	7	–	7
	70 g	Tomate (1 Stück)	49	12	1	1	–
	250 ml	Kräutertee	0	0	0	0	–
		Istzufuhr Abendessen	2 410	573	17	6	11
		Gesamt-Istzufuhr	11 744	2 793	95	26	69
		Gesamt-Sollzufuhr	11 200	2 675	99	62	32

6.1 Gesund durch weniger Fett

Datum:

Wir ordnen Lebensmittel nach ihrem Fettgehalt.

1. Schreibe die Namen der abgebildeten Lebensmittel geordnet in die Liste unter der Abbildung. Welche der abgebildeten Lebensmittel enthalten a) viel Fett,   b) wenig Fett?

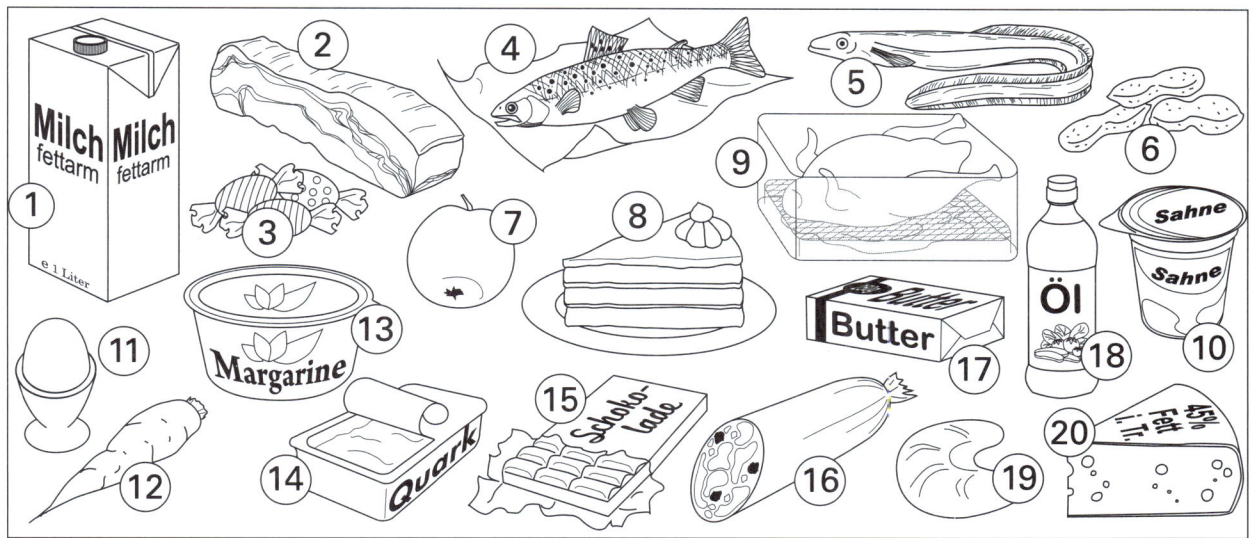

a) **Viel Fett enthalten:**

- ② Speck
- ⑥ Nüsse
- ⑩ Sahne
- ⑬ Margarine
- ⑯ Wurst
- ⑱ Öl
- ⑤ Aal
- ⑧ Sahnetorte
- ⑪ Ei
- ⑮ Schokolade
- ⑰ Butter
- ⑳ Schnittkäse

b) **Wenig Fett enthalten:**

- ① Milch
- ④ Forelle
- ⑨ Geflügel
- ⑭ Quark
- ③ Bonbons
- ⑦ Apfel
- ⑫ Möhre
- ⑲ Brot/Brötchen

Auch durch die Zubereitung kann der Fettgehalt – Energiegehalt – der Speisen erhöht werden.

2. Nenne fettarme Kartoffelbeilagen: Salzkartoffeln, Pellkartoffeln, Backkartoffeln, Kartoffelbrei

Nenne fettreiche Kartoffelbeilagen: Pommes frites, Kroketten, Kartoffelgratin, Kartoffelpuffer

3. Mache Vorschläge, wie der Fettgehalt der fettreichen Kartoffelbeilagen gesenkt werden kann:

Pommes im Backofen, Kroketten im Grill, Kartoffelgratin ohne Sahne, Kartoffelpuffer mit weniger Fett braten und auf Küchenpapier abtropfen lassen

Eine zu hohe Fettaufnahme führt zu Übergewicht.

4. Nenne Krankheiten, deren Entstehung durch Übergewicht ausgelöst bzw. begünstigt wird.

Zuckerkrankheit, Herz- und Kreislauferkrankungen, z.B. Bluthochdruck, Bronchitis

6.2 Öle und Fette: Überblick durch eine Mind-Map – Gedächtniskarte

1. Trage für jedes unten angegebene Speisefett und Speiseöl ein, ob es

    a) flüssig, weich oder fest,   b) tierisch oder pflanzlich ist.

Butter	a) weich	Halbfettmargarine	a) weich	Maiskeimöl	a) flüssig	Palmkernfett	a) fest	Sojaöl	a) flüssig
	b) tierisch		b) pflanzlich		b) pflanzlich		b) pflanzlich		b) pflanzlich
Erdnussöl	a) flüssig	Kokosfett	a) fest	Margarine	a) weich	Rapsöl	a) flüssig	Sonnenblumenöl	a) flüssig
	b) pflanzlich		b) pflanzlich		b) pflanzlich		b) pflanzlich		b) pflanzlich
Fischöl	a) flüssig	Lebertran	a) flüssig	Olivenöl	a) flüssig	Schmalz	a) weich	Talg	a) fest
	b) tierisch		b) tierisch		b) pflanzlich		b) tierisch		b) tierisch

2. Trage die Speisefette und Speiseöle anschließend sortiert in die Mind-Map ein.

3. Ergänze die Mind-Map mit Zeichnungen für die verschiedenen Speisefette und Speiseöle.

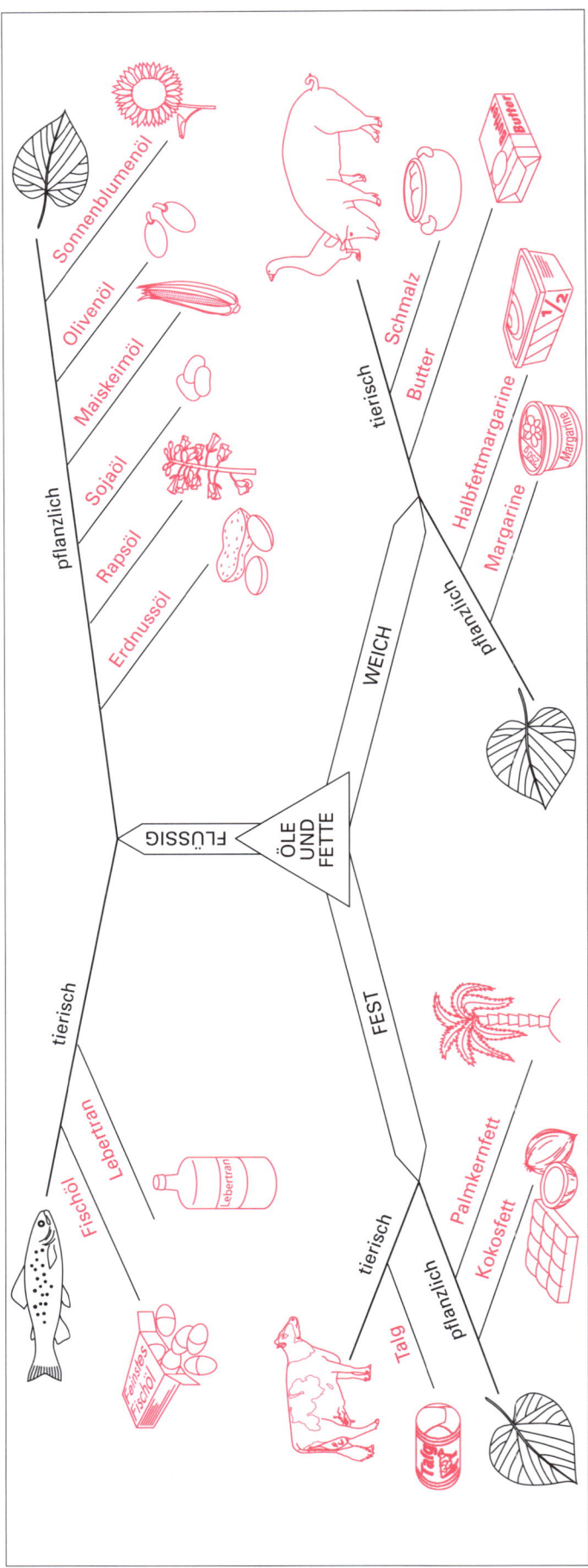

FLÜSSIG
- pflanzlich: Sonnenblumenöl, Olivenöl, Maiskeimöl, Sojaöl, Rapsöl, Erdnussöl
- tierisch: Fischöl, Lebertran

WEICH
- tierisch: Schmalz, Butter
- pflanzlich: Halbfettmargarine, Margarine

FEST
- tierisch: Talg
- pflanzlich: Palmkernfett, Kokosfett

6.3 Welchen Nährstoff enthalten die Lebensmittel? – Rösselsprung

Datum:

1. Beim Schachspiel darf das „Rössel" – Pferd oder Springer – bei jedem Zug entweder
   zwei Felder waagerecht und eines senkrecht oder
   zwei Felder senkrecht und eines waagerecht springen.
   In den Feldern sind neun Lebensmittelbezeichnungen versteckt,
   die mit solchen Sprüngen entdeckt werden können.

2. Übertrage die Lebensmittelbezeichnungen in das Rätsel.
   Die markierten Felder ergeben eine Eigenschaft energiereicher Lebensmittel.

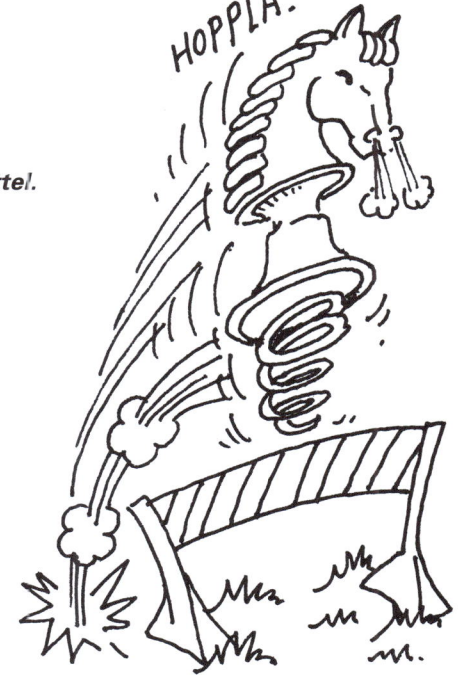

⑤ MAR	⑥ EI	RI	FEL	🌷
① KAR	CHIP	TER	GELB	🌷
③ BUT	GA	TOF	NE	DO
⑨ SCHO	VO	LA	WURST	⑦ O
② SPEI	④ BRAT	LI	CA	OEL
⑧ A	KO	SE	DE	VE

1. K A R T O **F** F E L C H I P
2. S P E I S **E** O E L
3. B U **T** T E R
4. B R A **T** W U R S T
5. M A R G A **R** I N E
6. E I G **E** L B
7. O L **I** V E
8. A V O **C** A D O
9. S C **H** O K O L A D E

Lösungswort: fettreich

Fette und Öle

6.4 Pflanzliche Speiseöle und Speisefette

Datum:

1. Benenne die abgebildeten Pflanzen bzw. fettreichen Früchte oder Samen:

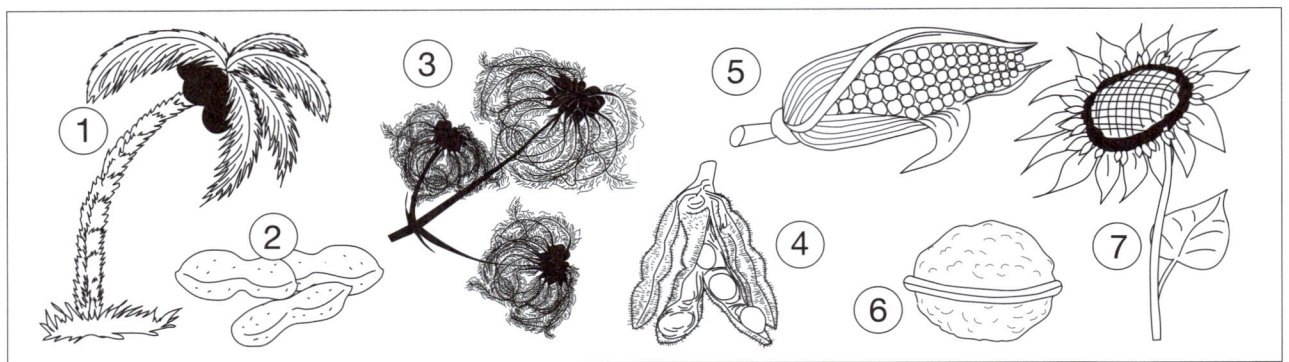

① Kokospalme ② Erdnuss ③ Baumwollsamen
④ Sojabohne ⑤ Mais ⑥ Walnuss
⑦ Sonnenblume

Speiseölgewinnung

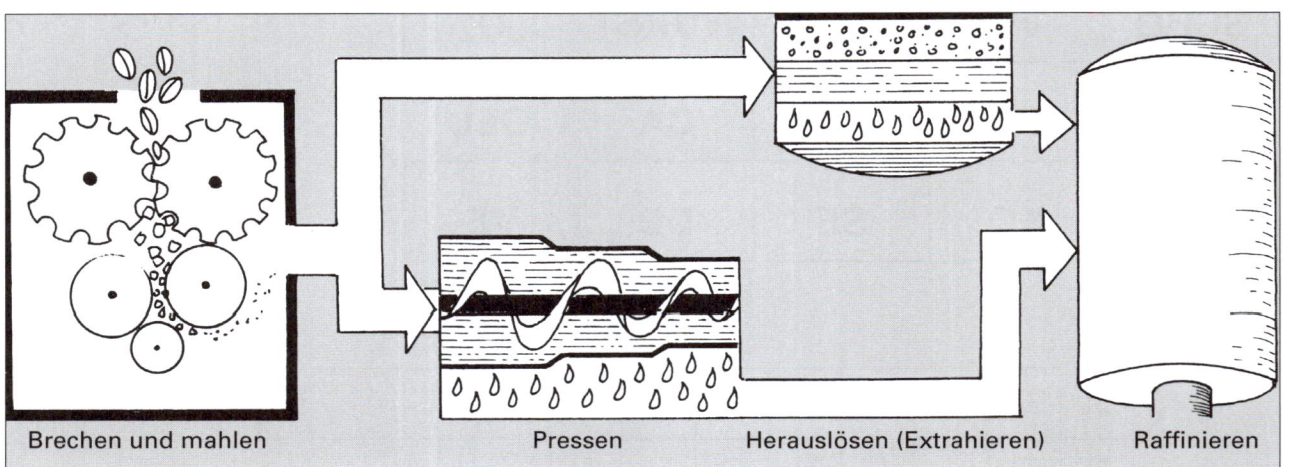

Brechen und mahlen — Pressen — Herauslösen (Extrahieren) — Raffinieren

2. Ergänze den folgenden Text:

Fettreiche Pflanzenteile werden gereinigt und zerkleinert. Anschließend werden sie in Schneckenpressen unter hohem Druck gepresst.

Öle mit niedrigem Schmelzpunkt werden auf diese Weise gewonnen.

Die restlichen Öle und Fette in den Samen oder Früchten werden nach der Pressung aus dem Presskuchen herausgelöst (extrahiert). Früchte oder Samen, die Fette mit hohem Schmelzpunkt enthalten, z. B. Kokosfett, werden nur extrahiert. Beim Extrahieren werden die fettreichen Samen und Früchte auf 70 bis 80 °C erhitzt. Danach werden die Fette mit einem Fettlösungsmittel herausgelöst. Die durch Pressung oder Extraktion gewonnenen Öle und Fette werden meist raffiniert, sie werden von Fruchtrückständen, Schleimstoffen usw. gereinigt.

6.5 Wir überprüfen die Fettzufuhr

Datum:

1. a) Berechne die Gesamt-Istzufuhr an Energie und Fett.
   b) Berechne die tägliche Gesamtfett-Sollzufuhr.

2. Unterstreiche Lebensmittel, die versteckte Fette enthalten, rot, die Streichfette enthalten, gelb, die Garfette enthalten, orange. Übertrage die Grammangaben in die entsprechenden Spalten.

3. Wie viel Gramm a) versteckte Fette, b) Streichfette, c) Garfette isst Michael täglich?

4. Mache Verbesserungsvorschläge. Wie kann Michael sich gesünder ernähren?

Tageskostplan von Michael, 16 Jahre, Körpergewicht 64 kg, Gesamtenergiebedarf 11 200 kJ

	Menge	Lebensmittel	Energie kJ	Energie kcal	Fett in g insges.	Fett in g verst. F.	Fett in g Streichf.	Fett in g Garfett
1. Frühstück	40 g	Brötchen, Semmel (1 Stück)	426	101	1	1	–	–
	50 g	Roggenvollkornbrot (1 Scheibe)	428	102	1	1	–	–
	20 g	Butter (5 TL)	620	148	17	–	17	–
	57 g	Hühnerei (1 Stück)	370	88	6	6	–	–
	30 g	Doppelrahmfrischkäse (1 Portion)	497	118	11	11	–	–
	50 g	Schinken, gekocht (1 Scheibe)	553	132	10	10	–	–
	20 g	Konfitüre	224	53	0	–	–	–
	250 ml	Früchtetee	0	0	0	–	–	–
		Istzufuhr 1. Frühstück	3 118	742	46	29	17	0
2. Frühstück	50 g	Vollmilchschokolade (½ Tafel)	1 160	276	17	17	0	0
		Istzufuhr 2. Frühstück	1 160	276	17	17	0	0
Mittagessen	150 g	Schweineschnitzel (1 großes Stück)	653	155	3	3	–	–
	10 g	Maiskeimöl (1 EL)	370	88	10	–	–	10
	200 g	Kartoffelsalat mit Öl	770	183	6	–	–	6
	200 g	Bohnensalat	420	100	5	–	–	5
	75 g	Eiscreme	671	160	9	9	–	–
	30 g	Schlagsahne	381	90	9	9	–	–
		Istzufuhr Mittagessen	3 265	776	42	21	0	21
Nachmittag	50 g	Kartoffelchips (kleine Tüte)	1 180	281	20	20	–	–
	330 g	Cola-Getränk (1 Dose)	611	145	0	–	–	–
		Istzufuhr Nachmittag	1 791	426	20	20	–	–
Abendessen	40 g	Roggenmischbrot (1 Scheibe)	362	86	+	–	–	–
	50 g	Roggenvollkornbrot (1 Scheibe)	428	102	1	1	–	–
	20 g	Margarine (5 TL)	594	141	16	–	16	–
	30 g	Leberwurst, grob (1 Portion)	534	127	12	12	–	–
	30 g	Edamer Käse, 45 % i. Tr. (1 Scheibe)	443	105	8	8	–	–
	70 g	Tomate (1 Stück)	49	12	+	–	–	–
	250 ml	Kräutertee	0	0	0	–	–	–
		Istzufuhr Abendessen	2 410	573	37	21	16	0
		Gesamt-Istzufuhr	11 744	2 793	162	108	33	21
		Gesamt-Sollzufuhr	11 200	2 675	91	49	21	21

6.6 Rätselhaftes zum Thema Fett

Datum:

1. G L Y C E R I N
   18 6 13 1 5 3 7 4

   F E T T S A E U R E N
   16 5 23 23 9 8 5 24 3 5 4

2. R A N Z I G
   3 8 4 26 7 18

3. U E B E R G E W I C H T
   24 5 15 5 3 18 5 25 7 1 10 23

4. S T R E I C H F E T T E
   9 23 3 5 7 1 10 16 5 23 23 5

5. S T E A R I N S A E U R E
   9 23 5 8 3 7 4 9 8 5 24 3 5

6. O E L S A E U R E
   2 5 6 9 8 5 24 3 5

7. W U R S T
   25 24 3 9 23

8. G A R F E T T E
   18 8 3 16 5 23 23 5

9. L I P A S E N
   6 7 11 8 9 5 4

10. B U T T E R S A E U R E
    15 24 23 23 5 3 9 8 5 24 3 5

11. G E H A E R T E T
    18 5 10 8 5 3 23 5 23

12. L I N O L S A E U R E
    6 7 4 2 6 9 8 5 24 3 5

13. V E R S T E C K T E S   F E T T
    14 5 3 9 23 5 1 20 23 5 9   16 5 23 23

14. D O P P E L T
    17 2 11 11 5 6 23

15. E M U L G I E R T
    5 21 24 6 18 7 5 3 23

16. S O N N E N B L U M E N O E L
    9 2 4 4 5 4 15 6 24 21 5 4 2 6

17. L E I C H T
    6 5 7 1 10 23

1. Grundbausteine der Fette sind … und … .
2. Verdorbene Fette sind … .
3. Ein zu hoher Fettgehalt führt zu … .
4. Butter und Margarine sind … .
5. … ist eine gesättigte Fettsäure mit 18 C-Atomen.
6. … ist eine einfach ungesättigte Fettsäure mit 18 C-Atomen.
7. In … sind oft viel versteckte Fette vorhanden.
8. Zum Garen und für Salate werden … verwendet.
9. … sind Enzyme, die Fette spalten.
10. … ist die kürzeste Fettsäure mit 4 C-Atomen.
11. Bei der Margarineherstellung wird ein Teil der Fettsäuren … .

Lösung

F E T T   M A C H T   F E T T
16 5 23 23   21 8 1 10 23   16 5 23 23

12. … ist eine essenzielle Fettsäure.
13. Auch Schokolade enthält viel … .
14. Unser Fettverzehr ist … so hoch, wie er sein sollte.
15. Das Fett in Milch und Butter ist … .
16. … enthält viel Linolsäure.
17. Emulgierte Fette sind … verdaulich.

6.7 Wir überprüfen unser Wissen zum Thema Fette – Trimino

Datum:

1. ***Schneidet die einzelnen Dreiecke aus.***
2. ***Trimino kann allein oder zu zweit bearbeitet werden.***
   Lege die einzelnen Dreiecke aneinander, bis die Ausgangsform des Triminos erreicht ist.
3. ***Doch es gibt noch einen Trick:***
   Auf einigen Karten steht in der Mitte ein Thema, z. B. „Bestandteile des Fettes“.
   Nun müssen die Dreiecke gesucht werden, auf denen am Rand die Bestandteile stehen.
   Die entsprechende Seite eines Dreiecks wird an das andere Dreieck angelegt.
4. ***Nachdem ihr das Trimino gelegt habt, übertragt die Begriffe geordnet in das Heft.***
   Bestandteile des Fettes: ? ? ?
   fettreiche Lebensmittel: ? ? ?
   usw.

(Lösung auf der Rückseite)

Emmentaler Käse

Fettsäuren, kurzkettige

Speiseöle, Speisefette

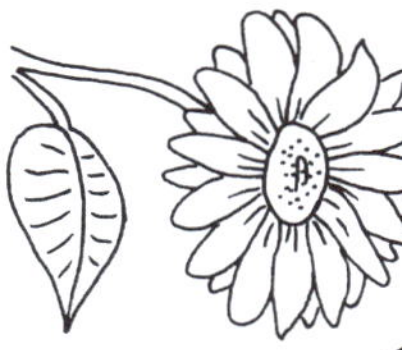

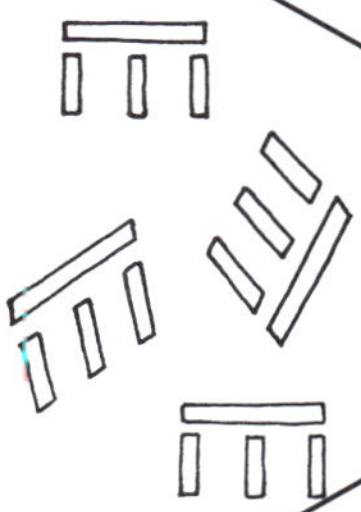

Bestandteile des Fettes

Pommes frites

Mettwurst

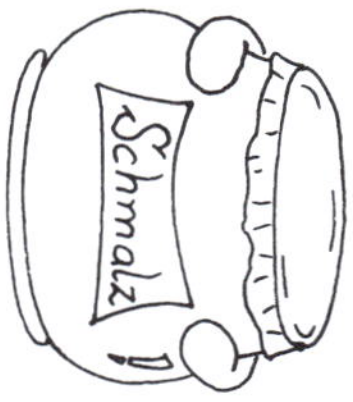

fettreiche Lebensmittel

Butter

Sonnenblumenöl

Hüttenkäse

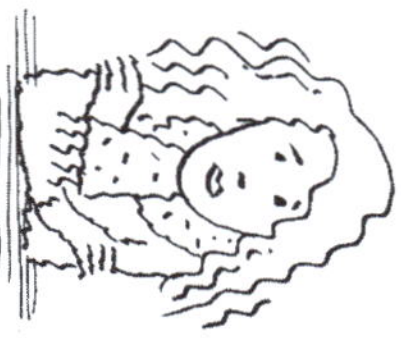

Aufgaben des Fettes

Braten

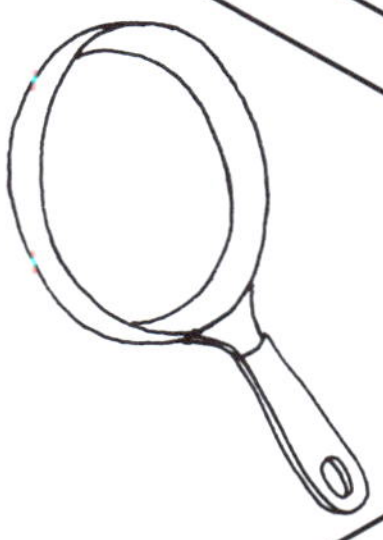

Gartechniken mit Fett

Glycerin

Margarine

Wärmeschutz

Fettsäuren, langkettige

Energiespeicher

Pellkartoffeln

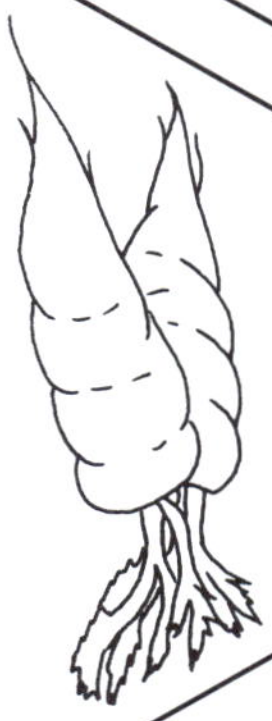

fettarme Lebensmittel

Frittieren

Schutz vor Stoß

Schmoren

Buttermilch

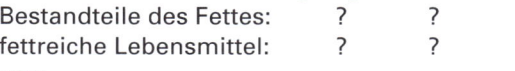

Lösung Trimino (S. 71) – Wir überprüfen unser Wissen zum Thema Fette

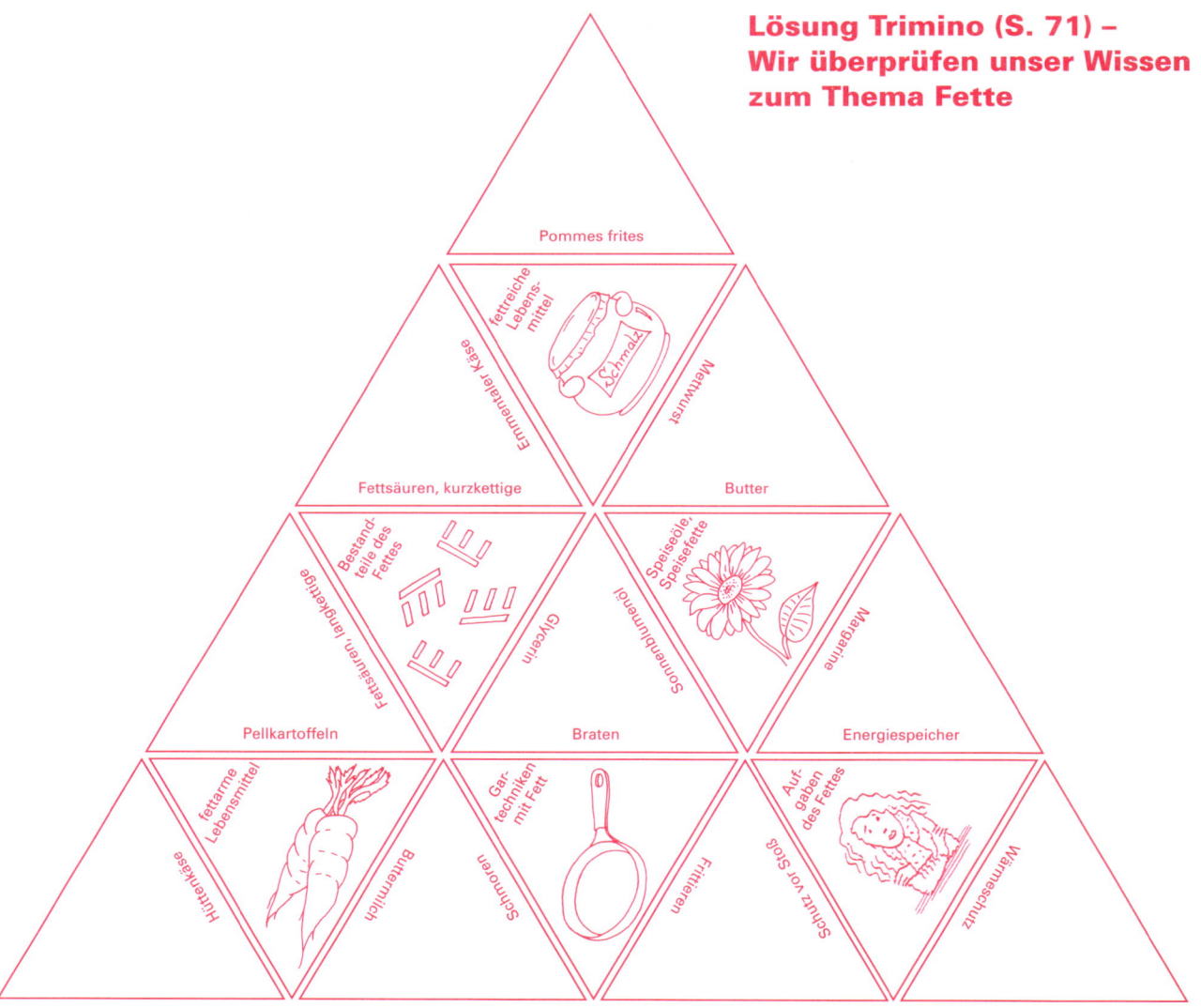

6.8 Übergewicht – Wir erstellen eine Mind-Map

Wir beschreiben das Blatt quer, nicht längs. Das jeweilige Thema, hier „Übergewicht", schreiben wir groß in die Mitte des Blattes.

1. Malt die Überschriften an den Hauptästen farbig an.
Die Unteräste mit den unterschiedlichen Ursachen und Folgen gestaltet ihr dann ebenfalls mit unterschiedlichen Farben und Symbolen bzw. Fotos.

2. Vereinbart in der Klasse ein anderes Thema für eine Mind-Map, z. B.: **Reduktionsdiäten** (Hauptäste: Lebensmittelauswahl, Ernährungsverhalten usw.).

Fette und Öle

6.9 Übergewicht entwickelt sich durch falsche Essgewohnheiten

Datum:

1. Nenne mögliche Ursachen für das Übergewicht der abgebildeten Personen.

   Reste aufessen müssen.

   Unkontrolliertes Essen beim Fernsehen.

   Falsche Lebensmittelauswahl, z.B. Pommes frites, Fast Food.

   Naschen, Essen als Ersatz für soziale Kontakte, als Trost.

   Zu schnelles Essen, man merkt nicht, dass man bereits satt ist.

   Unregelmäßige Mahlzeiten, zwischendurch naschen.

2. Diese Personen haben viele Begründungen / Entschuldigungen für ihr Übergewicht. Trage jeweils passende Äußerungen in die Sprechblasen ein.

3. Nenne a) gesundheitliche, b) soziale Folgen, die durch Übergewicht entstehen können.

   a) Überbeanspruchung des Knochengerüstes, Veränderungen an Wirbelsäule, Knien und Füßen; Überbeanspruchung von Herz und Kreislauf; Stoffwechselerkrankungen: Zuckerkrankheit, Störungen des Fettstoffwechsels; erhöhte Unfallgefahr.

   b) Fehlende soziale Kontakte, Minderwertigkeits- und Schuldgefühle

6.10 Energiereiche und energiearme Lebensmittel – Memo

Datum:

1. Schneidet die Memokarten aus und klebt sie auf Karton.
2. Sortiert die Memokarten in a) energiereiche, z. B. Sahnetorte, Forelle,
   b) energiearme Lebensmittel, z. B. Weintrauben, Apfel.
3. Nun geht es ans Spiel. Jeweils 4 bis 6 Schülerinnen und Schüler spielen in einer Gruppe,
   d. h., die Spielerinnen und Spieler einer Gruppe dürfen sich beraten, welche Karte sie aufnehmen wollen.
   Findet eine Gruppe zwei zusammengehörende Karten, z. B. Weintrauben – Apfel, so darf sie diese
   aufnehmen, aber nur behalten, wenn sie den unterschiedlichen Nährstoffgehalt der Lebensmittel
   erläutern kann.
4. Sucht zu jeder Gruppe weitere Lebensmittel, schreibt diese auf Karten. Spielt erneut.
5. Übertragt die Lebensmittel geordnet in euer Heft.

A — Bratwurst, Schwein

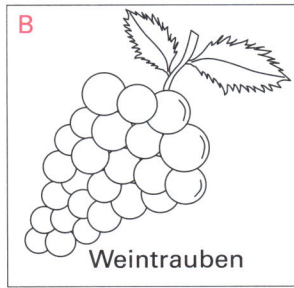
B — Weintrauben

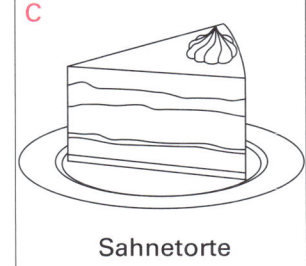
C — Sahnetorte

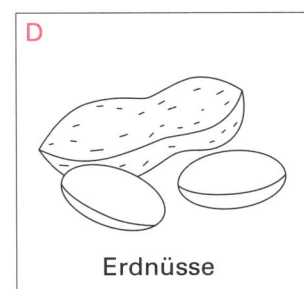
D — Erdnüsse

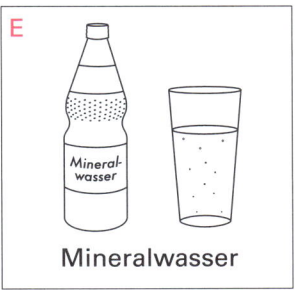
E — Mineralwasser

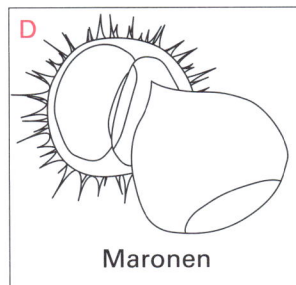
D — Maronen

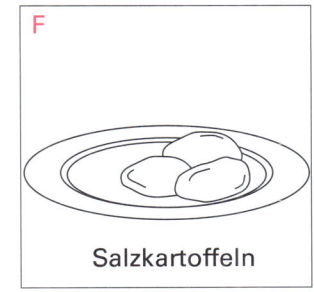
F — Salzkartoffeln

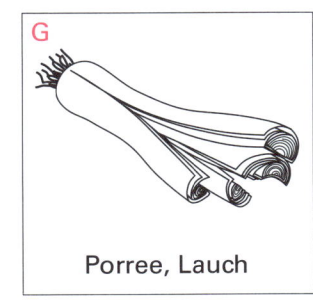
G — Porree, Lauch

A — Geflügelwurst

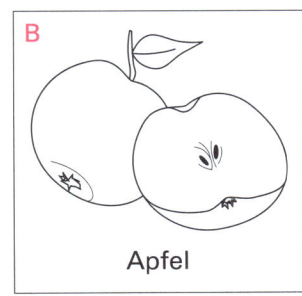
B — Apfel

H — Gemüsebrühe

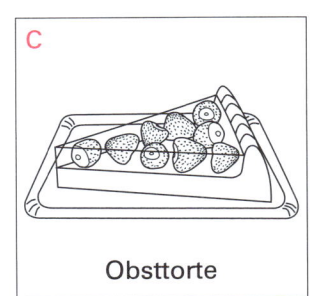
C — Obsttorte

I — Salatdressing

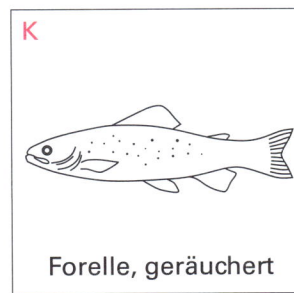
K — Forelle, geräuchert

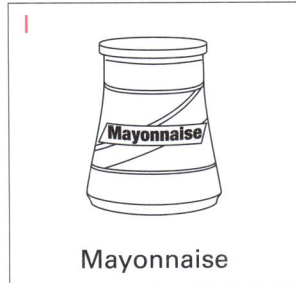
I — Mayonnaise

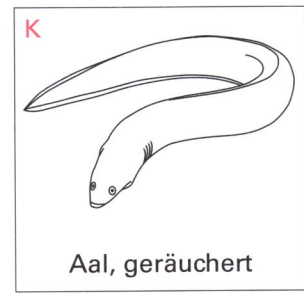
K — Aal, geräuchert

E — Cola-Getränk

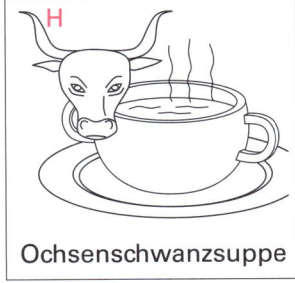
H — Ochsenschwanzsuppe

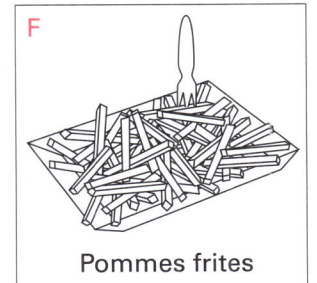
F — Pommes frites

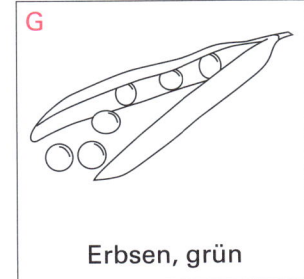
G — Erbsen, grün

Fette und Öle

7.1 Verdauung

Datum:

Der Weg der Nahrung durch unseren Körper

1. *Beschrifte die Abbildung.*
2. *Male alle Teile, durch die die Nahrung hindurchgeht, rot an.*
3. *Male alle anderen Organe blau an.*
4. *Suche eine Überschrift für die Abbildung, trage diese oben ein.*

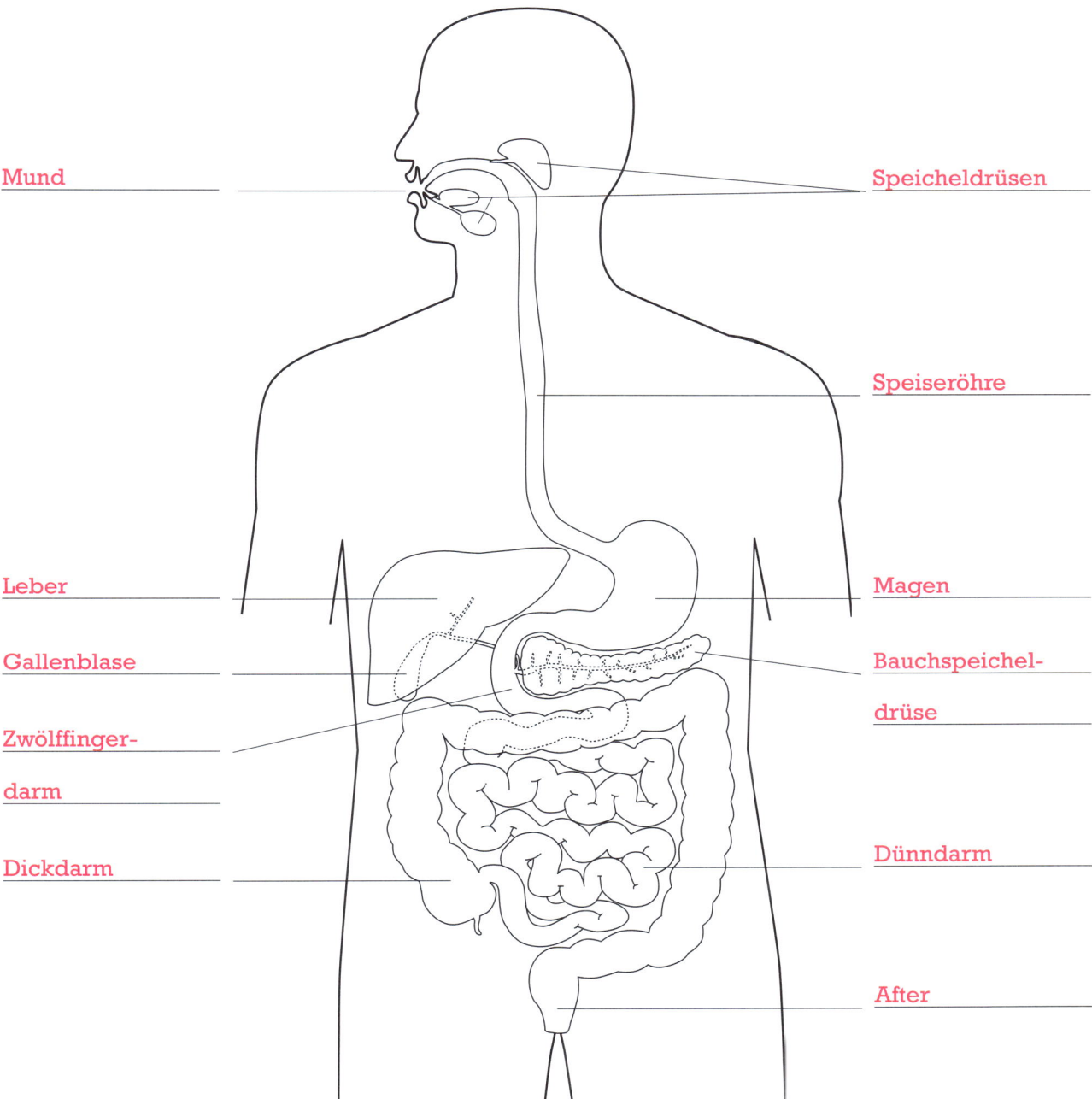

Mund — Speicheldrüsen — Speiseröhre — Leber — Magen — Gallenblase — Bauchspeicheldrüse — Zwölffingerdarm — Dickdarm — Dünndarm — After

5. **Ergänze den folgenden Text:**

Bei der Verdauung werden die **Nährstoffe** durch **Verdauungssäfte** umgewandelt und dabei löslich gemacht, damit **das Blut** sie aufnehmen kann.

7.2 Verdauung – Irrgarten

Datum:

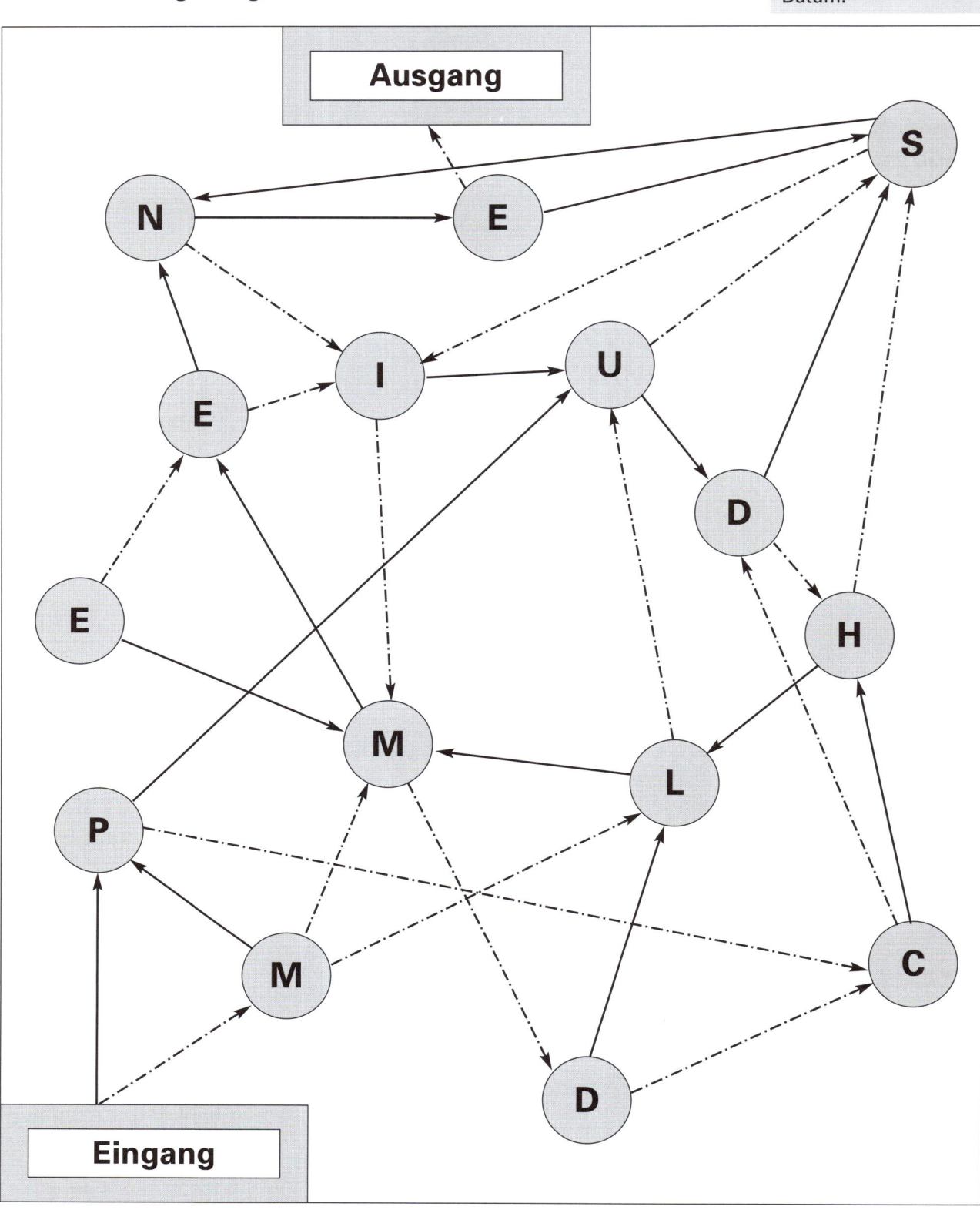

Lösungsbuchstaben	P	C	D	H	L	M	E	I	U	S	N	E
Lösungswort	M	U	N	D	S	P	E	I	C	H	E	L

Übertrage das Lösungswort in die Kästchen der Überschrift Seite 79.

Die Verdauung beginnt mit dem

Datum:

1. Lies die Aussagen.
2. Entscheide, ob die Aussagen richtig oder falsch sind.
3. Berichtige die falschen Aussagen auf dem Zettel.
4. Bei richtigen Aussagen folgst du den durchgezogenen Linien im Irrgarten, bei falschen Aussagen den unterbrochenen Linien. Manche Stationen können auch öfter angefahren werden.
5. Sammle die jeweils erreichten Buchstaben, sie ergeben in richtiger Reihenfolge ein Lösungswort.
6. Sind deine Entscheidungen richtig, so findest du den Weg aus dem Irrgarten.
   Los geht es! Hier sind die Aussagen!

1. Die Leber liegt in der rechten Körperhälfte.

Richtig (P)

2. Butter muss zunächst durch den Gallensaft emulgiert werden, bevor Lipasen sie spalten.

Butter ist ein emulgiertes Fett. Falsch (C)

3. Die Amylase des Mundspeichels spaltet Stärke in Glucose (Traubenzucker).

Amylasen spalten Stärke in Maltose (Malzzucker). Falsch (D)

4. Der Leerdarm ist der erste – obere – Abschnitt des Dünndarms.

Der Zwölffingerdarm ist der erste – obere – Abschnitt des Dünndarms. Falsch (H)

5. Die Bauchspeicheldrüse erzeugt Verdauungssäfte, die alle Grundnährstoffe spalten.

Richtig (L)

6. Täglich gelangen etwa 3 l Dünndarmsaft in den Dünndarm.

Richtig (M)

7. Denaturierte Eiweißstoffe sind leichter verdaulich.

Richtig (E)

8. Der Gallensaft wird in der Galle gebildet und an den Zwölffingerdarm abgegeben.

Der Gallensaft wird in der Leber gebildet. Falsch (I)

9. Beim Kohlenhydratabbau werden Traubenzucker, Fruchtzucker und Galaktose gebildet.

Richtig (U)

10. Bauchspeichel und Dünndarmsaft enthalten Fett spaltende Enzyme.

Lediglich der Bauchspeichel enthält Fett spaltende Enzyme. Falsch (S)

11. Der Magensaft enthält 0,5-prozentige Salzsäure, die Mikroorganismen abtötet.

Richtig (N)

12. Durch die Darmzotten erhält die Oberfläche des Dünndarms die Größe eines Tennisplatzes.

Richtig (E)

13. Alle Endprodukte der Verdauung gelangen zur Leber, so ist der Körper vor Schadstoffen geschützt.

Nahrungsfette gelangen mit fettlöslichen Schadstoffen zum Fettgewebe. Falsch (Ausgang)

7.3 Der Verdauungsvorgang – Textpuzzle

Datum:

Die Textabschnitte sind durcheinandergeraten.
1. *Lies den folgenden Text.*
2. *Finde eine passende Überschrift für den Text und trage diese oben ein.*
3. *Nummeriere die einzelnen Textabschnitte in der richtigen Reihenfolge.*
   Finde und markiere dabei zwei Textteile, die nicht zu dem Thema gehören.

Nr. 1	Nr. 3	Der Speisebrei gelangt durch die Speiseröhre in den Magen. Der Magensaft enthält Salzsäure, die den Speisebrei durchsäuert und Mikroorganismen abtötet.
Nr. 2	Nr. 9	Die Grundbausteine der Nährstoffe werden in den Verdauungssäften gelöst und durch die Darmzotten in die Blutbahnen oder Lymphbahnen aufgenommen und zu den Zellen transportiert.
Nr. 3	Nr. 1	Im Mund wird die Nahrung zunächst durch Beißen und Kauen zerkleinert. Durch Geschmack, Geruch und Aussehen der Speisen wird die Speichelproduktion angeregt. „Das Wasser läuft einem im Mund zusammen."
Nr. 4	Nr. 4	Der Magensaft enthält eiweißspaltende Enzyme. Nach vier bis acht Stunden wird der Speisebrei Schub um Schub durch den Pförtner aus dem Magen in den Zwölffingerdarm, den oberen Abschnitt des Dünndarms, befördert.
Nr. 5	Nr. X	Bewegungsmangel spielt bei Verstopfung ebenfalls eine Rolle. Wer tagsüber am Schreibtisch sitzt, muss für Ausgleich sorgen, gymnastische Übungen und Sport haben sich bewährt.
Nr. 6	Nr. 10	In den Zellen werden die Nährstoffe zur Energiegewinnung abgebaut oder gespeichert.
Nr. 7	Nr. 5	Der Dünndarm ist drei bis vier Meter lang. Durch die Darmzotten wird die Oberfläche des Dünndarms auf die Fläche eines Tennisplatzes vergrößert, etwa 180 m^2.
Nr. 8	Nr. X	Das Abendessen sollte spätestens zwei Stunden vor dem Schlafengehen eingenommen werden, da sonst der Schlaf beeinträchtigt wird.
Nr. 9	Nr. 2	Durch den Speichel wird die Gleitfähigkeit des Speisebreis erhöht. Der Speichel enthält auch kohlenhydratspaltende Enzyme. Verdauungsenzyme bewirken den Abbau der Nährstoffe.
Nr. 10	Nr. 6	In den Zwölffingerdarm mündet der Ausgang der Bauchspeicheldrüse. Der Bauchspeichel, der wichtigste Verdauungssaft, enthält kohlenhydrat-, fett- und eiweißspaltende Enzyme.
Nr. 11	Nr. 7	Durch den Gallengang gelangt der in der Leber gebildete Gallensaft in den Zwölffingerdarm.
Nr. 12	Nr. 8	Im Dünndarm kommen täglich noch etwa 3 Liter Dünndarmsaft hinzu. Der Dünndarmsaft bzw. die Darmwand enthalten eiweiß- und kohlenhydratspaltende Enzyme.
Nr. 13	Nr. 11	Der eigentliche Verdauungsvorgang ist im Dünndarm abgeschlossen. Im Dickdarm werden keine Verdauungssäfte gebildet. Hier werden nur noch Schleimstoffe abgesondert, die die Gleitfähigkeit der unverdaulichen Nahrungsbestandteile erhöhen.

8.1 Würzig statt salzig

Datum:

1. Spitze, wie viele Küchenkräuter es gibt. Trage die Namen der abgebildeten Kräuter in die Kästchen ein.

Das Lösungswort – Nummer 1 – ist das am häufigsten verwendete Küchenkraut.

1. PETERSILIE
2. KERBEL
3. THYMIAN
4. ESTRAGON
5. MAJORAN
6. ROSMARIN
7. DILL
8. SCHNITTLAUCH
9. BASILIKUM
10. LIEBSTOECKEL

2. Male die Kräuter an. Versuche den Farbton möglichst genau zu treffen.

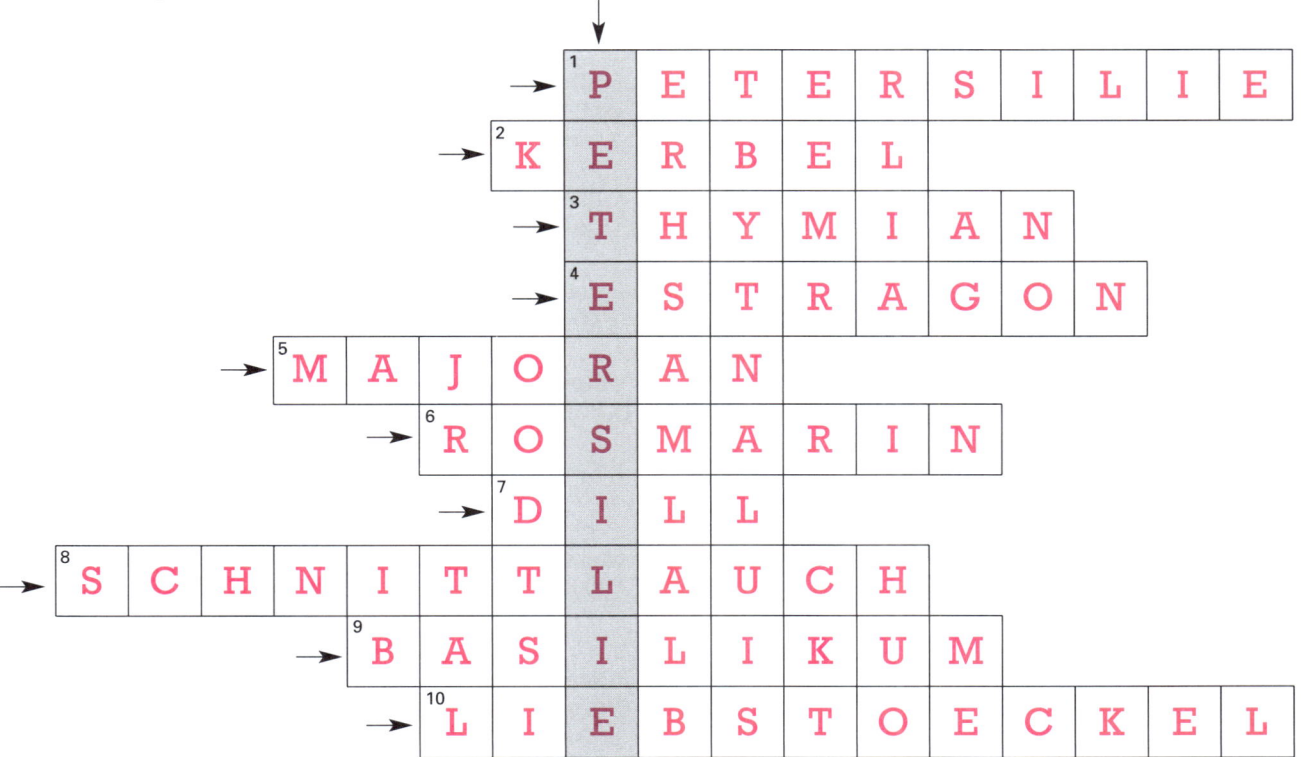

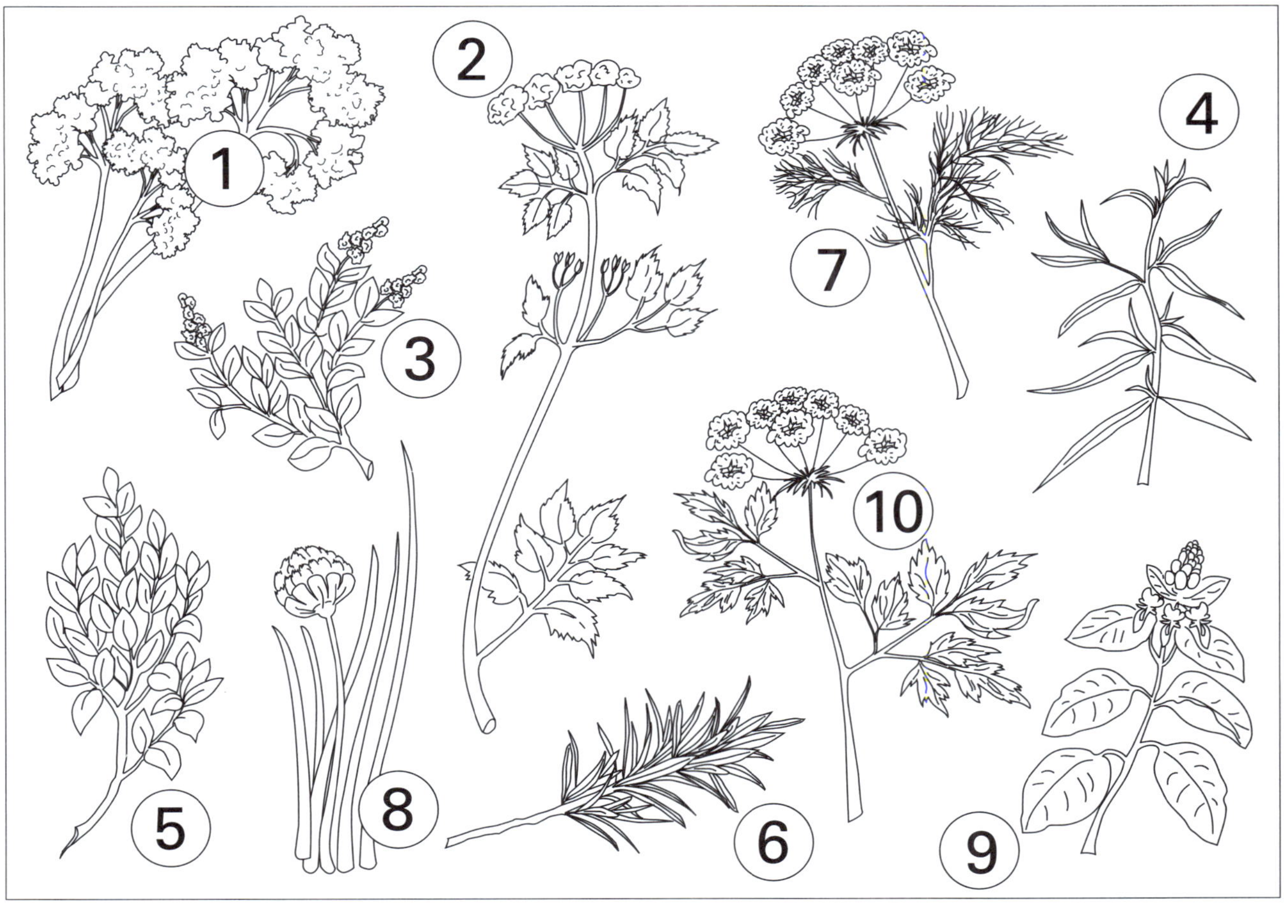

8.2 Wir salzen zu stark

Datum:

1. Ermittle mithilfe der Speisepläne die tägliche Kochsalzaufnahme von a) Astrid, b) Jörg.

Speiseplan von Astrid	Kochsalz-zufuhr in mg
Frühstück	
2 Scheiben Mischbrot	600
1 Scheibe Mettwurst	800
1 Portion Margarine	15
1 Portion Gouda	650
1 Glas Früchtetee	0
Pause	
1 Portion Kartoffelchips	600
Mittagessen	
1 Portion Pommes frites	2700
1 Portion grüne Erbsen, sterilisiert	1000
2 Wiener Würstchen	3700
1 Portion Ketchup	490
Nachmittags	
6 Butterkekse	375
1 Tasse Tee	0
Abendessen	
2 Scheiben Roggenbrot	2100
1 Portion Butter	5
1 Essiggurke	1200
1 Scheibe Schinken, roh	2800
1 Portion Harzer	1150
Kochsalzzufuhr insgesamt	**18 185**

Speiseplan von Jörg	Kochsalz-zufuhr in mg
Frühstück	
4 EL Haferflocken	3
1 kleiner Apfel	20
1 Portion Honig	3
1 Becher Vollmilchjoghurt	175
1 Glas Früchtetee	0
Pause	
1 Mandarine	3
Mittagessen	
1 Portion Pellkartoffeln	100
1 Portion Spinat	210
2 Spiegeleier	390
Nachmittags	
1 Glas Buttermilch	280
Abendessen	
2 Scheiben Roggenbrot	2100
1 Portion Butter	5
1 kleine Tomate	175
1 Portion Kräuterquark (selbst hergest.)	50
1 Scheibe Bierschinken	460
Kochsalzzufuhr insgesamt	**3974**

5 g Kochsalz pro Tag sind ausreichend. Von einer Kochsalzzufuhr über 10 g täglich ist abzuraten. Folgen eines hohen Salzkonsums können Bluthochdruck und somit Herz- und Kreislauferkrankungen sein.

2. Notiere kochsalzreiche Lebensmittel, die in den Speiseplänen genannt werden: Würstchen, Schinken, Pommes frites, Roggenbrot, Essiggurke, Erbsen, sterilisiert, Mettwurst, Gouda, Chips, Harzer, Ketchup

3. Mache Vorschläge, wie bei dem kochsalzreichen Speiseplan Salz eingespart werden kann:

Pommes frites selbst herstellen.

Frische oder tiefgekühlte Erbsen verwenden.

Essiggurke durch frische Gurke ersetzen.

Obst oder ungesalzene Nüsse anstelle von Chips essen.

Frischkäse anstelle von Harzer auswählen.

Anstelle von Schinken salzarmen Braten bevorzugen.

8.3 Wir schreiben eine Bildergeschichte –
Das Frühstück ist das Sprungbrett in den Tag

Datum:

1. Bringe die neun Bilder in eine sinnvolle Reihenfolge.

2. Beschreibe das Geschehen in einem genauen, lebendigen und folgerichtigen Text.

8.4 Schäden durch chronischen Alkoholgenuss

Datum:

1. Benenne die durch chronischen Alkoholgenuss geschädigten Organe und ergänze den Lückentext.

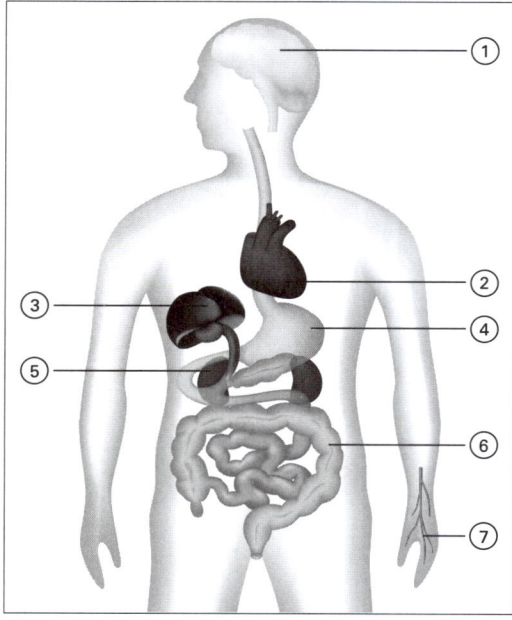

① Gehirn

② Herz

③ Leber

④ Magen

⑤ Nieren

⑥ Bauchspeicheldrüse und Darm

⑦ Nerven

1. Alkohol zerstört die Gehirn zellen, das Gehirn schrumpft.

2. Der Herz muskel wird durch Alkohol geschwächt .

3. In der Leber wird Alkohol zu Fett umgebaut. Es kommt zu einer Leberverfettung , später zur Leberschrumpfung . Leberversagen führt zum Tod .

4. Alkohol reizt die Magen schleimhäute, so kommt es zu Magenschleimhautentzündungen und zu Magengeschwüren .

5. Durch Alkohol wird die Harn ausscheidung gesteigert. Dadurch kommt es zu Mineralstoff verlusten. Die Nieren funktion wird beeinträchtigt.

6. An der Bauchspeicheldrüse und an der Darmschleimhaut können Entzündungen entstehen. Krebs an der Bauchspeicheldrüse ist häufig eine Folge.

7. Alkohol schädigt auch die Nerven . Folgen sind Zittern der Hände und Nervenentzündungen.

2. Wann muss man Alkoholgenuss „chronisch" nennen?

Unterschiedliche Antworten durch Selbsteinschätzung durch die Schüler.

8.5 Fit durch fünf kleine Mahlzeiten

Datum:

1. Markiert auf den „Uhrzeit-Linien" (6, 9, 12 usw.), wie hoch ihr eure Leistungsfähigkeit jeweils schätzt. Zeichnet mit Bleistift den Verlauf eurer Tagesleistungskurve durch die von euch eingezeichneten Punkte. Vergleicht den Verlauf und stellt Gemeinsamkeiten fest.

2. Trage mit einem blauen Stift den Verlauf der allgemein gültigen Leistungskurve – bei der Einnahme von drei Mahlzeiten – ein, indem du die hellen Punkte miteinander verbindest.

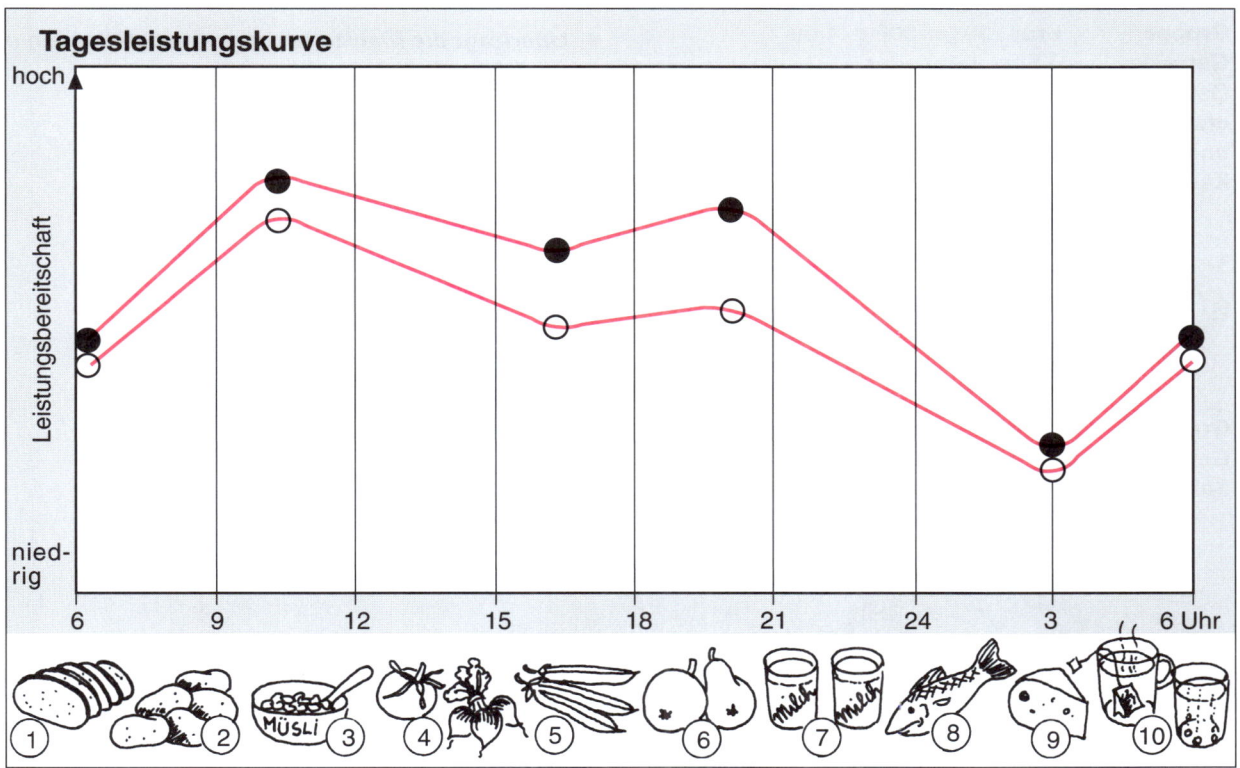

3. Nenne Zeiten hoher Leistungsbereitschaft: 10 Uhr, 14 Uhr, 20 Uhr

4. Nenne Zeiten geringer Leistungsbereitschaft: 6 Uhr, 16 Uhr, 24 Uhr, 3 Uhr

5. Stelle aus den abgebildeten Lebensmitteln fünf Mahlzeiten zusammen.

    1. Frühstück: ③ Müsli   ⑦ Milch   ⑩ Tee

    2. Frühstück: ⑥ Obst   ⑦ Milch

    Mittagessen: ② Kartoffeln   ⑤ Gemüse   ⑧ Fisch

    Nachmittag: ⑩ Tee

    Abendbrot: ① Brot   ⑨ Käse   ④ Salat   ⑩ Getränk

6. Trage mit einem roten Stift die allgemein gültige Leistungskurve – bei der Einnahme von fünf kleinen Mahlzeiten – ein, indem du die dunklen Punkte miteinander verbindest.

    Was stellst du fest? Fünf kleinere Mahlzeiten ermöglichen eine größere Leistungsfähigkeit.

8.6 Lebensmittelempfehlungen der DGE auf einen Blick

Datum:

Gruppe	Empfehlung
Gruppe Getränke 	**Getränke** insgesamt mindestens 1,5 Liter bevorzugt energiearme Getränke
Gruppe Getreide, Getreideerzeugnisse und Kartoffeln 	**Brot** 200 bis 300 g (4 bis 6 Scheiben) oder **Brot** 150 bis 250 g (3 bis 5 Scheiben) + 50 bis 60 g Getreideflocken **Kartoffeln** 200 bis 250 g gegart oder **Teigwaren** 200 bis 250 g gegart oder **Reis** 150 bis 180 g gegart Produkte aus Vollkorn bevorzugen
Gruppe Gemüse, Salat	**Gemüse:** insgesamt 400 g und mehr Gemüse 300 g gegart + Rohkost/Salat 100 g oder Gemüse 200 g gegart + Rohkost/Salat 200 g
Gruppe Obst	2 bis 3 Portionen **Obst** (250 g) und mehr
Gruppe Milch und Milchprodukte	**Milch/Joghurt** 200 bis 250 g **Käse** 50 bis 60 g fettarme Produkte bevorzugen
Gruppe Fleisch, Wurst, Fisch, Ei	Pro Woche: **Fleisch** und **Wurst** 300 bis 600 g insgesamt fettarme Produkte bevorzugen **Fisch:** Seefisch fettarm 80 bis 150 g und Seefisch fettreich 70 g **Ei:** bis zu 3 Stück pro Woche (inklusive verarbeitetes Ei)
Gruppe Speisefette, Speiseöle	**Butter, Margarine:** 15 bis 30 g **Speiseöle**, z. B. Rapsöl, Sojaöl, Walnussöl 10 bis 15 g

1. Stellt die tägliche Lebensmittelauswahl, vgl. Tabelle, durch Lebensmittelsymbole oder durch eigene Zeichnungen zusammen.
2. Verteilt in Gruppen die Lebensmittel auf fünf Mahlzeiten.
3. Erläutert eure Mahlzeitenzusammenstellung den anderen Mitschülerinnen und Mitschülern.
4. Übertragt die Mahlzeitenzusammenstellungen in die folgende Liste.

Erstes Frühstück _____

Zweites Frühstück _____

Mittagessen _____

Unterschiedliche Antworten sind möglich.

Nachmittagsmahlzeit _____

Abendessen _____

5. Vergleicht die Lebensmittelempfehlungen der DGE mit dem Tageskostplan von Michael, vgl. S. 31.

86 Gesunde Ernährung

8.7 Bewusstes Essverhalten – Gewichtsreduktionsdiät

Datum:

Ergänze die Regeln für ein bewusstes Essverhalten.

Feststellen, was man eigentlich isst.

Aufschreiben, was man täglich isst, dadurch können Ernährungsfehler festgestellt werden.

Eine Liste mit energiearmen Lebensmitteln zusammenstellen, so kann man alternative energiearme Lebensmittel auswählen.

Eine Einkaufsliste erstellen, schmackhafte energiearme Lebensmittel kaufen. So entsteht kein Verlangen nach energiereichen Lebensmitteln.

Ernährungsgewohnheiten langsam umstellen.

Z. B. nur noch kleine Portionen der Lieblingsspeisen essen, so kann man die Speisen genießen, auch wenn es etwas weniger gibt.

Bei der Zubereitung Fett einsparen, so wird auch Energie eingespart.

Den Teller nur einmal und nie ganz voll füllen, so wird nicht über den Hunger hinaus gegessen.

Die Mahlzeit genießen.

Für einen schön gedeckten Tisch, appetitlich angerichtete Speisen und eine freundliche Stimmung sorgen. So wird nicht aus Frust zu viel gegessen.

Langsam essen, kleine Bissen und Schlucke nehmen – gründlich kauen, auf Geschmack und Sättigung achten. Die Mahlzeiten sollten etwa 30 Minuten oder länger dauern, da das Sättigungsgefühl erst nach dieser Zeit eintritt.

Nicht unkonzentriert essen.

Regelmäßig – zu festgelegten Zeiten – kleine Mahlzeiten einnehmen, so wird nicht zwischendurch gegessen.

Immer am gleichen Platz essen, nur so wird bewusst gegessen.

Während des Essens weder Zeitung lesen noch fernsehen, so wird bewusst wahrgenommen, was gegessen wird.

Nicht aus Langeweile essen, sondern Hobbys pflegen.

Nicht mit Lebensmitteln trösten, beruhigen, tadeln oder loben, sondern z. B. mit gemeinsamen Unternehmungen für gute Stimmung sorgen.

Das Richtige essen.

Keine Knabbereien und Süßigkeiten in der Wohnung herumstehen haben, besser Radieschen, Gurken, Möhren usw. für den Heißhunger vorrätig halten, da diese Lebensmittel sättigen und wenig Energie haben.

Keinen Alkohol zu den Mahlzeiten trinken, da Alkohol den Appetit anregt.

Ernährungstraining

Sich evtl. einer Gruppe anschließen: Erfahrungsaustausch und Gemeinschaft in der Gruppe können den Erfolg erhöhen.

Das Ernährungstraining durch Bewegung, z. B. beim Sport, unterstützen.

8.8 Gentechnisch veränderte Lebensmittel – Lückentext

Datum:

Gene im menschlichen Organismus

Der menschliche *Organismus* besteht aus rund 100 Billionen *Zellen*. In jeder Zelle – außer in den roten Blutkörperchen – befindet sich die *ganze Erbinformation* des Menschen, verteilt auf 30 000 bis 40 000 *Gene*. Sobald wir etwas essen, nehmen wir viele Milliarden *Gene von Rindern, Schweinen oder Tomaten* auf. Wer das nicht möchte, *müsste verhungern*. Mittels Gentechnik ist es nun möglich, gezielt einzelne *vorteilhafte Eigenschaften in eine Pflanze oder ein Tier einzubauen* oder unerwünschte Eigenschaften daraus zu entfernen. Das Prinzip der Gentechnik besteht darin, genetische Informationen – Erbgut – gezielt *von einem Organismus auf einen anderen zu übertragen*.

Gentechnisch veränderte Lebensmittel kann man in drei Gruppen unterteilen:

1. Lebensmittel aus gentechnisch veränderten Organismen, z. B. *gentechnisch veränderte Sojabohnen und Tomaten*.

2. Lebensmittel, die gentechnisch veränderte Organismen enthalten, z. B. *Joghurt mit gentechnisch veränderten Milchsäurebakterien*.

3. Lebensmittel, die gentechnisch veränderte Stoffe enthalten, z. B. *Enzyme*.

Man geht heute davon aus, dass 60 bis 70 Prozent aller verarbeiteten Lebensmittel in irgendeiner Weise *mit Gentechnik bereits in Berührung gekommen sind*.

Vertrieb und Kennzeichnung

Gentechnisch veränderte Lebensmittel *dürfen* nach Deutschland *eingeführt werden*. Ausgenommen sind *lebende* Tiere. Das Schwein, dem *ein Gen* für besseres Wachstum *eingeführt wurde, muss also draußen bleiben*. Das Kotelett vom *Gen-Schwein darf jedoch importiert werden*, ebenso wie Cornflakes aus *Gen-Mais* und Ketchup aus *Gen-Tomaten*. Gentechnisch veränderte Lebensmittel müssen immer als solche *gekennzeichnet werden*, wenn in den Lebensmitteln *die neu eingeführte Erbinformation* nachgewiesen werden kann. Gentechnisch veränderte Lebensmittel unterliegen *strengen und umfassenden* Sicherheitsprüfungen. *Gentechnisch veränderte Lebensmittel* gehören somit zu den bestuntersuchten Lebensmitteln.

Klonen

Aus einer Eizelle wird der *Zellkern entfernt* und durch den Zellkern eines anderen *Lebewesens* ersetzt. Die *Eizelle* entwickelt sich nach der Befruchtung zum *Embryo*, der anschließend in *eine Leihmutter* eingepflanzt und der *üblichen Entwicklung* überlassen wird.

8.9 Gentechnik – wie funktioniert das?

Datum:

1. Betrachte die Abbildungen und stelle fest, was dort jeweils gemacht wird.
2. Schreibe einen entsprechenden Text unter die verschiedenen Abbildungen.
3. Kopiere die Seite, schneide die Abbildungen mit den Texten aus und klebe sie in der richtigen Reihenfolge in dein Heft.

④ Die Zelle mit dem neuen Gen wird vermehrt.

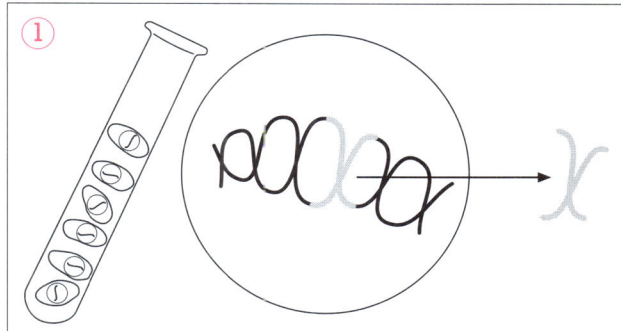

① Aus dem Zellkern einer Pflanzenzelle wird das Gen mit dem gewünschten Erbmerkmal entnommen.

⑥ Die gentechnisch veränderten Pflanzen werden ausgesät.

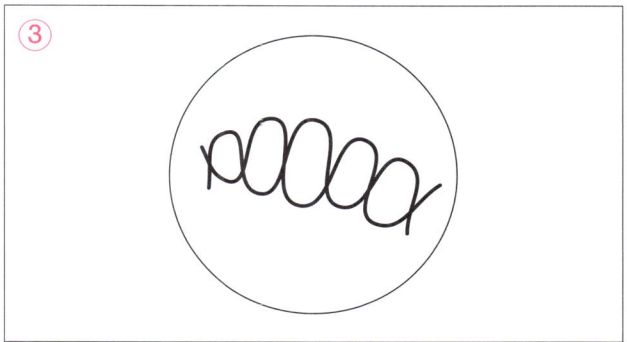

③ Der neue Zellkern identifiziert sich mit dem Gen.

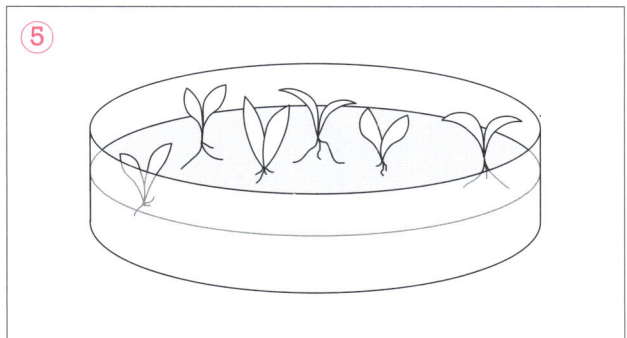

⑤ Pflanzen mit der neuen Eigenschaft werden über Zellkulturen aufgezogen.

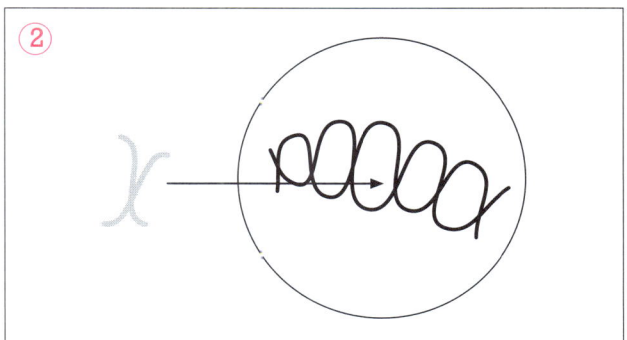

② Das Gen wird in einen neuen Zellkern eingefügt.

Gesunde Ernährung

8.10 Der lange Weg eines Lebensmittels

Datum:

1. Ermittle für die abgebildeten Lebensmittel jeweils die Herstellungsländer und die Herstellungsorte.

Herstellungsland	Herstellungsort
Holland	Breda
Schweden	Upsala
Irland	Dublin
Österreich	Breitenbrunn
Dänemark	Brabrand
Italien	Parma
England	York
Griechenland	Thessaloniki
Frankreich	Roquefort

2. **Suche die Herstellungsländer und Herstellungsorte der verschiedenen Lebensmittel auf der Europakarte.**

Datum:

3. **Trage die Namen der Herstellungsorte und entsprechende Lebensmittelsymbole in die Karte ein.**

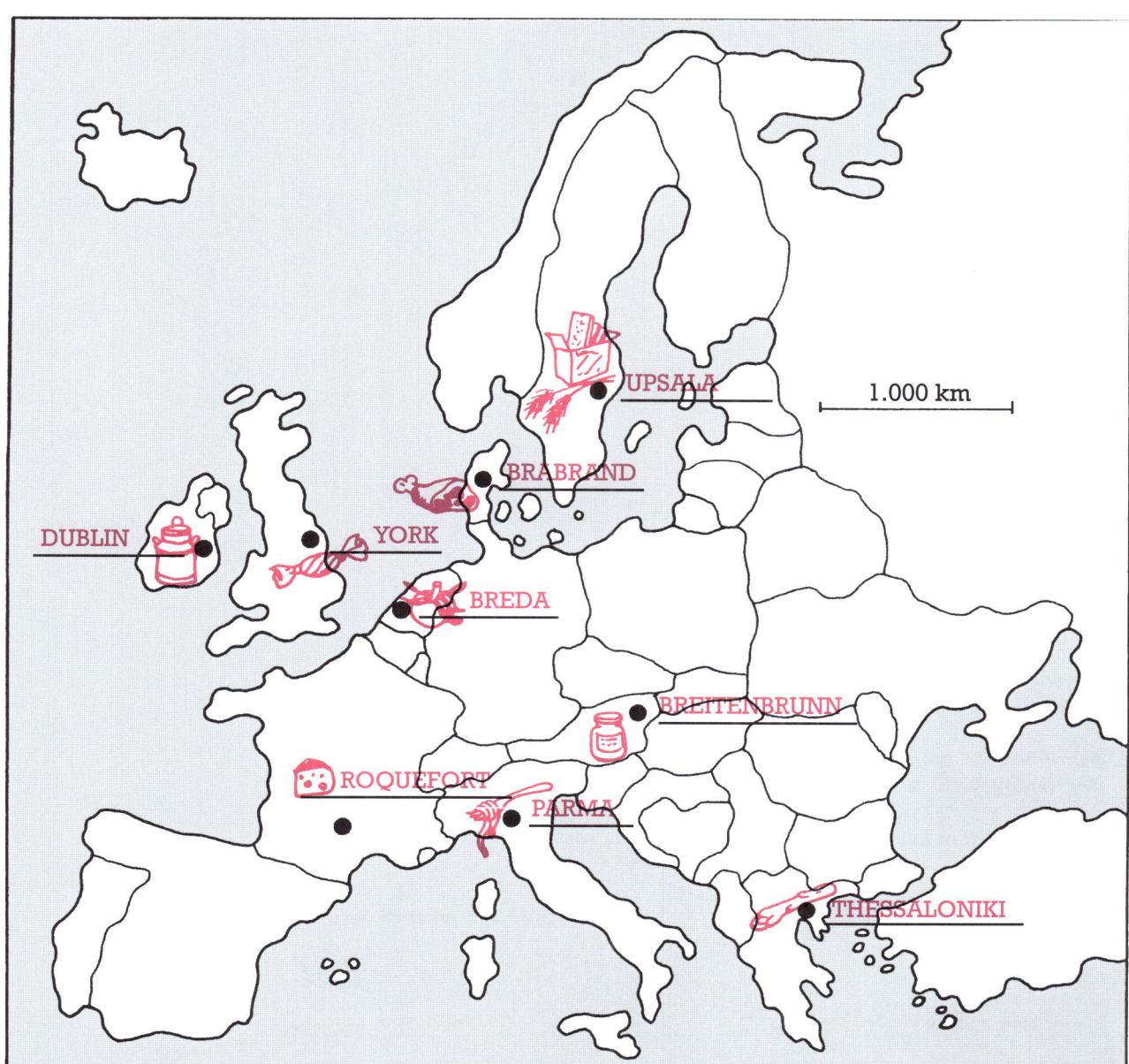

4. **Ermittle jeweils die Länge der Transportwege für die verschiedenen Lebensmittel.**

① 500 km ② 1 400 km ③ 1 600 km

④ 800 km ⑤ 800 km ⑥ 1 000 km

⑦ 1 100 km ⑧ 2 200 km ⑨ 1 400 km

(Zirkaangaben, je nach Standort unterschiedlich)

5. **Notiere Nachteile und Vorteile des „europäischen Lebensmittelangebots".**

lange Wege, Umweltbelastung,

viel Verpackung

Vielfalt, Angebot zu jeder Jahreszeit

8.11 Der Umwelt zuliebe – bewusst einkaufen

Datum:

1. Die abgebildeten Lebensmittel werden bei uns angeboten.
   Welche Lebensmittel sollten der Umwelt zuliebe a) gekauft, b) nicht gekauft werden?

2. Schreibe die Lebensmittel geordnet in die folgende Liste.
   Begründe jeweils die Entscheidung.

3. Ergänze weitere Lebensmittel, die a) gekauft, b) nicht gekauft werden sollten.

a) Gekauft werden sollten:

② Mineralwasser, Glasflasche, Mehrwegpfandflasche

④ Deutsche Markenbutter, kurzer Transportweg

⑥ Birnen, Klasse II, kurzer Transportweg

⑧ Geflügel, Bioland, artgerechte Tierhaltung

⑨ Erdbeeren zum Selberpflücken, keine Verpackung

⑩ Joghurt, selbst hergestellt, keine Verpackung

b) Nicht gekauft werden sollten:

① Chicken aus USA, Transport

③ Gurke in Folie, Verpackung

⑤ Joghurt im Becher mit Pappbanderole, Verpackung

⑦ Irische Butter, Transport

⑪ Wasserflasche, Einwegpfandflasche (Plastikflasche)

⑫ Äpfel aus Südafrika, Transport

8.12 Lebensmittelqualität – Silbenrätsel

Datum:

1. Zu erraten sind Begriffe. Setze sie aus Silben zusammen und streiche die entsprechenden Silben durch.

2. Schreibe die Buchstaben, die mit ❋ gekennzeichnet sind, in die Kästchen am Ende der Zeile. Diese Buchstaben ergeben in der richtigen Reihenfolge die Lösungsworte.

AK – ALLER – AZO – BER – BIN – BIN – CAD – CHA – DO – DUEN – FE – FE – GI – GLU – GUNG – KET – MI – MIN – NAH – NI – PSEU – QUECK – RE – RE – RE – RIN – RU – RUNGS – SAC – SAEU – SAEU – SATZ – SCHAD – SCHE – SIL – SOR – STICK – STOF – STOF – STOFF – TA – TE – TION – TRAT – UM – ZU

1. In der Umwelt vorkommende Stoffe, die Menschen schädigen können.

   S C H A D S T O F F E   O

2. Stoffe, die Lebensmitteln bei der Verarbeitung zugesetzt werden.

   Z U S A T Z S T O F F E   E

3. Ein Schadstoff, der in Rote-Bete-Saft enthalten sein kann.

   N I T R A T   I

4. Schadstoff, der in Tintenfischerzeugnissen vorhanden sein kann.

   C A D M I U M   A

5. Ein synthetischer Farbstoff.

   A Z O R U B I N   R

6. Ein Konservierungsstoff mit E-Nummer.

   S O R B I N S A E U R E   S

7. Ein Geschmacksverstärker.

   G L U T A M I N S A E U R E   S

8. Ein Süßstoff.

   S A C C H A R I N   N

9. Eine Überempfindlichkeitsreaktion, die durch Zusatzstoffe hervorgerufen werden kann.

   P S E U D O A L L E R G I S C H E
   R E A K T I O N   N

10. Über diesen Weg gelangen Schadstoffe in unseren Körper.

    N A H R U N G S K E T T E   G

11. Hierdurch steigt die Nitratbelastung von Gemüse.

    S T I C K S T O F F D U E N G U N G   O

12. Giftiges Schwermetall.

    Q U E C K S I L B E R   I

Lebensmittel der S A I S O N und R E G I O N sind weniger belastet.

8.13 Umweltverträglichkeit der Nahrung – Lückentext

Datum:

Ergänze den folgenden Lückentext:

Schadstoffe sind Stoffe, die Menschen oder andere Lebewesen schädigen.

Nitrat

Freilandgemüse der Saison enthält weniger Nitrat. Nitratreiche Gemüsesorten sind Chinakohl, Kopfsalat, Rote Bete, Rettich, Radieschen und Spinat. Die äußeren Blätter, Stiele und großen Blattrippen enthalten besonders viel Nitrat.

Cadmium

Cadmium gelangt über die Abwässer von Müllverbrennungsanlagen in die Umwelt. Besonders viel Cadmium enthalten Wildpilze, Leber und Niere von Schweinen und Rindern, Tintenfische.

Zusatzstoffe

Lebensmittel, die kräftiger gefärbt sind, können synthetische Farbstoffe enthalten. Informationen über die Verwendung von Zusatzstoffen bekommt man durch die Zutatenliste des jeweiligen Lebensmittels. Einige synthetische Farbstoffe können pseudoallergische Reaktionen hervorrufen. Symptome sind z.B. Nesselfieber und Asthma.

Auch andere Zusatzstoffe wie chemische Konservierungsmittel, Geschmacksverstärker, Süßstoffe und Zuckeraustauschstoffe müssen in der Zutatenliste kenntlich gemacht werden. Zuckersparende Geliermittel enthalten chemische Konservierungsmittel. Einige Menschen reagieren auf Geschmacksverstärker mit dem „China-Restaurant-Syndrom".

Süßstoffe haben einen intensiven süßen Geschmack. Die bekanntesten Süßstoffe sind Saccharin, Cyclamat und Aspartam.

Zum Kochen und Backen eignet sich der Süßstoff Cyclamat.

Er löst sich gut in Flüssigkeit und ist hitzebeständig.

Süßstoffe können von Diabetikern und Menschen mit Übergewicht in der jeweiligen Diät verwendet werden.

8.14 Ernährungsform – Kreuzworträtsel

Datum:

Wir suchen eine Ernährungsform – 1 waagerecht: ergibt das Lösungswort (Ä, Ö, Ü = jeweils 1 Buchstabe)

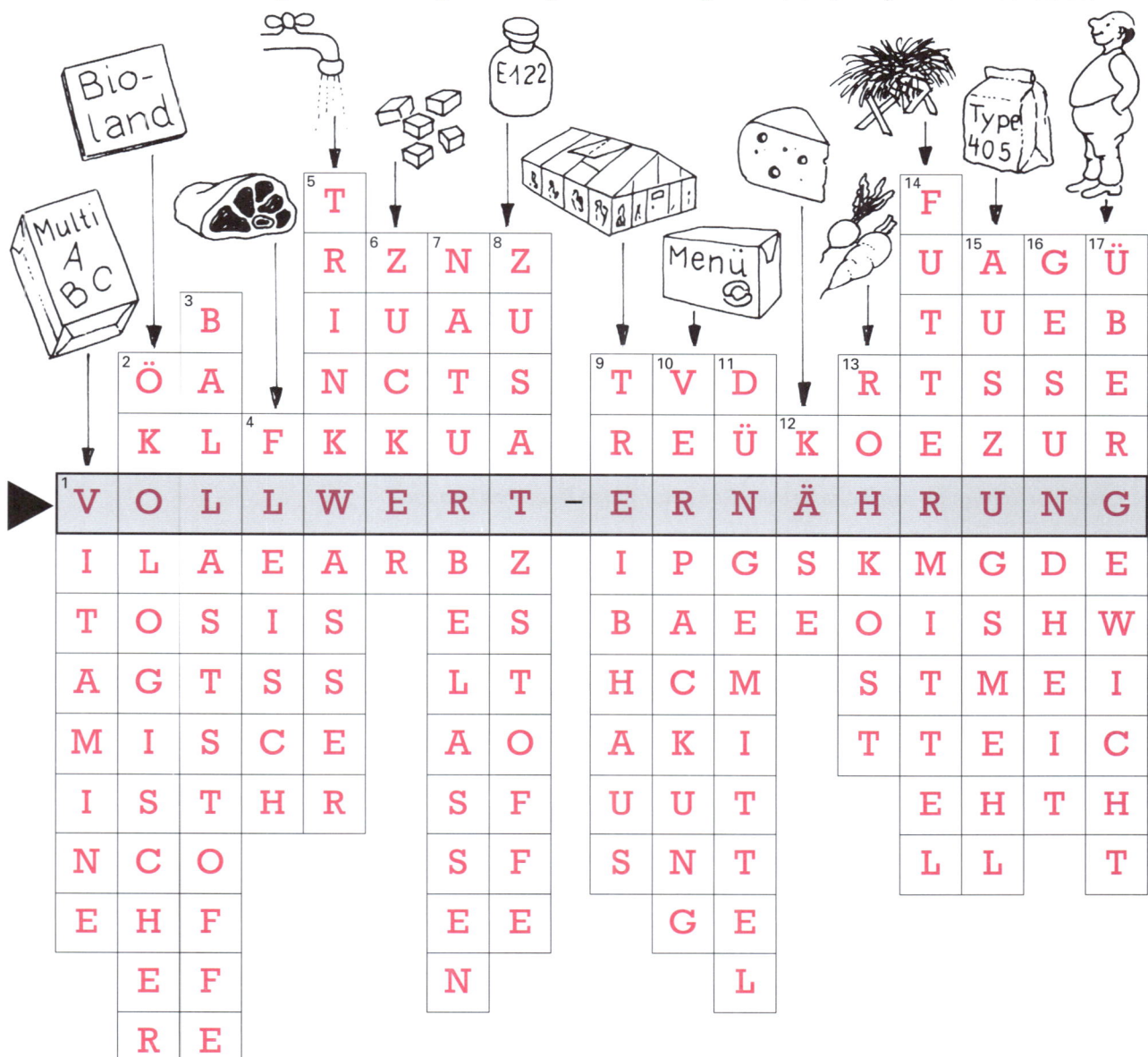

Senkrecht

1. Sind in Obst und Gemüse reichlich enthalten
2. Name für umweltfreundlichen landwirtschaftlichen Anbau
3. Nahrungsbestandteile, die die Verdauung anregen
4. Für die Erzeugung dieses tierischen Lebensmittels wird viel Energie benötigt
5. Hiervon werden pro Person täglich 145 l benötigt
6. Häufiger Verzehr dieses Lebensmittels führt zu Karies
7. Begriff für unbehandelte – natürliche – Lebensmittel
8. Farbstoffe und Konservierungsstoffe werden auch so bezeichnet
9. Gemüse wird hierin – unter hohem Energieverbrauch – angebaut
10. Dieses Material ist meist mit dem Grünen Punkt versehen
11. Werden ausgebracht, um pflanzliche Erträge zu steigern
12. Wird aus Milch unter Säure- oder Labzusatz hergestellt
13. Gemüse sollte häufig in dieser Form verzehrt werden
14. Werden häufig für die Ernährung von Tieren aus Entwicklungsländern importiert
15. Mehl, das aus dem Mehlkörper hergestellt wird
16. Wird durch diese Ernährungsform verbessert
17. Folge einer falschen – fettreichen – Ernährung

Gesunde Ernährung

8.15 Wir arbeiten mit einem Sachwortverzeichnis

Datum:

ABC-Rätsel Gesunde Ernährung

1. Suche zu jedem Buchstaben einen möglichst schwierigen Begriff, der dir zum Thema Ernährung einfällt. Das Sachwortverzeichnis deines Buches kann dir bei dieser Arbeit behilflich sein.

2. Die Begriffe werden dann vorgelesen und von der restlichen Klasse erklärt. Also vorsichtig, du musst selbst die Bedeutung des Begriffes kennen.

3. Ihr könnt auch ein anderes Thema vereinbaren.

Appetithemmer

Botulismus

Cadmium

Denaturierung

Ergänzungswert

Fluorid

Globuline

Hay'sche Trennkost

Imitate

Joule

Klebereiweiß

Lactoseintoleranz

Megajoule

NEL-Wert

Osteoporose

Peptidbindung

Quecksilber

Retinole

Stearinsäure

Thiamin

Ultrahocherhitzen

Veganer

Warmpressung

Xylit

Yang

Zöliakie

8.16 Lebensmittelvergiftung durch Eitererreger – Staphylokokken

Datum:

1. Ergänze zunächst den folgenden Lückentext.

Eitererreger können sich z. B. in Fleischsalat, Cremes, Kartoffelsalat, Tortenfüllungen befinden.

Lebensmittel kühl lagern, nicht warm halten. Eitererreger können sich sonst vermehren.

Speisen nur mit sauberen Löffeln probieren.

Personen mit eitrigen Wunden dürfen nicht in Lebensmittelbetrieben beschäftigt werden.

Nicht auf Speisen niesen oder husten.

Wunden sauber verbinden und Schutzhandschuhe tragen.

2. Lies die Fallbeispiele.
Nenne mögliche Gründe für die Erkrankungen.

Fallbeispiel 1: Ein Patient wollte den Krankenschwestern und -pflegern nach seiner Entlassung eine Freude machen und holte für jeden eine große Portion Eis. Dass sich der Eishändler vor einigen Wochen am Finger verletzt hatte, wusste er natürlich nicht, auch was inzwischen mit dem Eis passiert war, war ihm unbekannt. Die Schwestern und Pfleger aßen begeistert das Eis, abends litt das Krankenhauspersonal unter Erbrechen und Durchfall. Da eine Portion für die Nachtschwester zurückgestellt worden war, konnte man später die Ursache für die Erkrankung des Personals feststellen.

Der Eishändler hatte wohl eine eitrige Wunde am Finger, als er das Eis herstellte. Eitererreger gelangten in das Eis. Die Kühlung für das Eis wurde in den nächsten Tagen bzw. bei der Auslieferung nicht immer genügend eingehalten. Die Eitererreger konnten sich vermehren. Es handelt sich um eine Lebensmittelvergiftung durch Eitererreger.

Fallbeispiel 2: Um 8:00 Uhr bereitet ein Koch eine Weinschaumsoße zu. Um 9:00 Uhr probiert er die Weinschaumsoße mehrmals mit dem gleichen Löffel, da er sich nicht entscheiden kann, ob sie süß genug ist. Danach bleibt die Soße bis zum Servieren am Mittag in der Küche stehen. Fünf Kantinenbesucher aus der Nachmittagsschicht erkranken an Erbrechen und Durchfall.

Der Koch hatte wahrscheinlich eine Erkältung. Es befanden sich Eitererreger auf seinen Schleimhäuten. Da er die Weinschaumsoße mehrmals mit dem gleichen Löffel probierte, gelangten die Eitererreger in die Weinschaumsoße. In der warmen Küche konnten sich die Eitererreger vermehren. Es handelt sich um eine Lebensmittelvergiftung durch Eitererreger.

8.17 Aflatoxine – verschimmelte Lebensmittel

Datum:

1. Beschrifte die Abbildung „Vermehrung von Schimmelpilzen" mit folgenden Begriffen:
   - Myzel
   - Sporenträger
   - Spore keimt aus
   - Spore

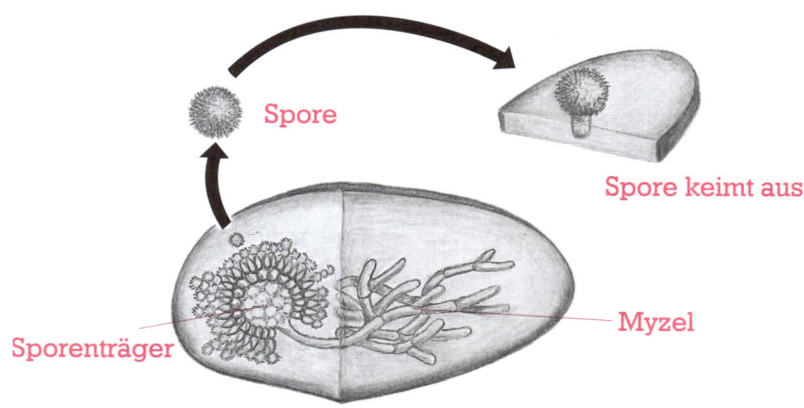

Spore

Spore keimt aus

Myzel

Sporenträger

2. Beschreibe die Vermehrung von Schimmelpilzen in Lebensmitteln.

Schimmelpilze bilden ein Fadengeflecht – Myzel – aus, das das ganze Lebensmittel durchdringen kann. Aus dem Myzel wachsen dann neue Sporenträger, die Sporen bilden. Die Sporen keimen aus und bilden wieder neue Sporenträger.

3. Nenne Lebensmittel, die besonders häufig verschimmelt sind.

Nüsse, Getreide, Mohn, Sesam, Kokosraspel

4. Wie kann Schimmelbildung verhindert werden?

Gefährdete Lebensmittel kühl und trocken lagern.

Von gefährdeten Lebensmitteln nur kleine Mengen einkaufen.

5. Warum darf verschimmeltes Brot nicht mehr verzehrt werden?

Das Myzel mit den Giftstoffen kann unsichtbar bereits das ganze Lebensmittel durchdrungen haben.

6. Lies den Zeitungsartikel.

Muli ist tot
Der bei Kindern besonders beliebte Muli aus dem Tierpark G. ist tot. Er wurde von Besuchern mit verschimmeltem Brot gefüttert. Einer der Betroffenen, Hans P., meint: „Dies kann nicht die Ursache sein, ich habe den verschimmelten Teil des Brotes immer abgeschnitten."

7. Erläutere, wie es zu der Vergiftung in dem Tierpark kam.

Auch in dem nicht sichtbar verschimmelten Teil des Brotes befindet sich das Myzel mit Giftstoffen – Aflatoxinen –, die Leberkrebs verursachen. Dadurch ist Muli gestorben.

Nicht alle Schimmelarten sind giftig.

8. Nenne Lebensmittel, bei denen Schimmelbildung erwünscht ist.

Bei der Käseherstellung werden besondere Schimmelarten – z. B. Blauschimmel – eingesetzt. Diese Schimmelarten sind nicht giftig.

8.18 Was essen Vegetarier?

Datum:

Ein vegetarisches Restaurant soll eröffnet werden.
Auf der Speisekarte soll verzeichnet werden, ob das Gericht auch für Veganer geeignet ist.
Hierfür muss zunächst ermittelt werden, welche Lebensmittel Ovo-Lakto-Vegetarier bzw. Veganer
essen bzw. nicht essen.

Schreibe die Namen der abgebildeten Lebensmittel geordnet in die Liste unten.
1. Welche Lebensmittel essen Ovo-Lakto-Vegetarier nicht?
2. Welche Lebensmittel essen Veganer zusätzlich nicht?
3. Welche Lebensmittel essen alle Vegetarier?
4. Ergänze weitere Lebensmittel in den drei Spalten.

1. Essen Ovo-Lakto-Vegetarier nicht	2. Essen Veganer zusätzlich nicht	3. Essen alle Vegetarier
⑧ Hähnchen	② Honig	⑥ Rapsöl
㉒ Fisch	① Milch	⑭ Erdnussbutter
⑩ Wurst	⑮ Käse	⑳ Erbsen
⑰ Muscheln	⑬ Quark	⑤ Vollkornmehl
⑨ Schmalz	⑦ Eier	⑫ Äpfel
⑪ Speck	㉑ Butter	⑲ Kartoffeln
⑯ Garnelen	④ Joghurt	⑱ Nüsse
③ Fleisch		

Gesunde Ernährung

8.19 Vegetarier – Kreuzworträtsel

Datum:

1. *Löse das Kreuzworträtsel.*
2. *Beschreibe die drei Formen des Vegetarismus.*
3. *Führt eine Pro-und-Kontra-Diskussion zum Thema Vegetarismus.*

Lösungssatz: GESUND OHNE FLEISCH

Gesunde Ernährung

8.20 Diabetes mellitus – Lückentext

Vervollständige den folgenden Text.

Diabetes mellitus ist eine Stoffwechsel*erkrankung* und bedeutet übersetzt *honigsüßer Durchfluss*. Der Name kommt daher, dass bei einem Diabetiker große Mengen an *Zucker* mit dem Urin ausgeschieden werden. Da hierzu große Mengen an Flüssigkeit benötigt werden, scheidet der Diabetiker große Mengen an *Urin* aus. Folglich verspürt der Diabetiker großen *Durst*. Eine Folge ist auch eine sehr trockene *Haut* und ein damit verbundener Juckreiz.

Bei *Diabetes mellitus* ist der Blutzuckerspiegel dauerhaft *erhöht*. Die Zellen werden nicht mehr mit *Zucker* versorgt und versuchen über den Abbau von Muskeleiweiß an Zucker zu kommen. Durch diese Abbauvorgänge im eigenen Körper fühlt sich der Diabetiker zunehmend *schlapp*.

Liegen also die genannten Symptome vor, sollte man möglichst schnell einen *Arzt* aufsuchen, damit er die Höhe des *Blutzuckerspiegels* überprüft. Man schätzt, dass die Hälfte der Diabetiker nichts von der eigenen *Krankheit* weiß.

Dem Diabetiker fehlt das Hormon *Insulin*, das in der *Bauchspeicheldrüse* des Menschen gebildet wird, oder es wird zu wenig Insulin gebildet. Im Körper sorgt das Insulin dafür, dass der *Blutzucker* aus dem Blut in die einzelnen *Körperzellen* gelangt.

Ein *erhöhter* Blutzucker führt zu *Schädigungen* fast sämtlicher Gefäße und Organe: Augen, Nieren, Herz/Kreislauf und Füße werden beeinträchtigt. Mögliche Folgen sind Erblindung, Nieren*versagen*, Herzinfarkt, Schlaganfall, diabetischer Fuß mit Amputation. Daher ist das Ziel jeder Diabetesbehandlung die *Normalisierung* des Blutzuckerspiegels.

Grundsätzlich werden zwei Formen von Diabetikern unterschieden: *Typ 1 und Typ 2*. Beim Diabetiker Typ 1 kann die Bauchspeicheldrüse das *Insulin* nicht mehr produzieren. Beim Diabetiker Typ 2 können zwei Ursachen vorliegen. Bei der ersten Ursache produziert die Bauchspeicheldrüse nicht mehr *genügend* Insulin. Ursache hierfür ist eine meist jahrelange Überbeanspruchung des Organs durch große Mengen an *süßen* Kohlenhydraten. Die zweite mögliche *Ursache* ist darin zu finden, dass der Zucker trotz ausreichender Insulinmenge nicht mehr in die Zellen gelangen kann. Durch eine *Gewichtsnormalisierung* kann dieser Defekt jedoch häufig rückgängig gemacht werden.

Gesunde Ernährung

8.21 Diabetes mellitus – Silbenrätsel

Datum:

1. *Zu erraten sind Begriffe. Setze sie aus den Silben zusammen und streiche die entsprechenden Silben durch.*
2. *Schreibe die Buchstaben, die mit ⊛ gekennzeichnet sind, in die Kästchen am Ende der Zeile. Diese Buchstaben ergeben in der richtigen Reihenfolge das Lösungswort.*

A – BAUCH – BE – BEN – BLUT – BROT – BROT – BUCH – CHEL – CKER – DEX – DI – DRUE – DURCH – EIN – FEK – FLUSS – GE – GEN – GLY – GLY – HEIT – HO – HY – IN – IN – IN – KAE – KAE – KER – KON – KORN – LE – LIN – MI – MI – NIE – NIG – ON – PO – REN – RUS – SA – SCHER – SCHER – SCHOCK – SE – SPEI – SSER – SU – SUE – TA – TI – TI – TRAU – TROL – VER – VI – VOLL – WEIN – ZU

1. Hierin erfolgen die täglichen Aufzeichnungen eines Typ-1-Diabetikers..
   DIABETIKERTAGEBUCH → **A**

2. Maßeinheit für den Kohlenhydratgehalt der Lebensmittel.
   BROTEINHEIT → **I**

3. Deutsche Übersetzung für Diabetes mellitus.
   HONIGSUESSER DURCHFLUSS → **IL**

4. Dieses Hormon senkt den Blutzuckerspiegel.
   INSULIN → **N**

5. Dieses Lebensmittel hat einen niedrigen glykämischen Index.
   VOLLKORNBROT → **L**

6. Diese Obstsorte hat einen hohen glykämischen Index.
   WEINTRAUBEN → **N**

7. Hieran können Diabetiker sterben.
   NIERENVERSAGEN → **N**

8. Fremdwort für starke Unterzuckerung.
   HYPOGLYKAEMISCHER SCHOCK → **M**

9. In diesem Organ wird Insulin gebildet.
   BAUCHSPEICHELDRUESE → **S**

10. Dies müssen Diabetiker, die Insulin spritzen, beherrschen.
    BLUTZUCKERKONTROLLE → **E**

11. Maßeinheit für die Erhöhung des Blutzuckers durch Kohlenhydrate.
    GLYKAEMISCHER INDEX → **G**

12. Ursache für das Ausbrechen von Typ-1-Diabetes.
    VIRUSINFEKTION → **U**

Lösungswort:
Ursache für die Stoffwechselkrankheit: **INSULINMANGEL**

8.22 Test für Diabetiker – ohne Insulinbehandlung

Datum:

Kreuze die richtigen Antworten an.
Bei jeder Frage ist mindestens eine Antwort falsch.

1. **Welches sind die wichtigsten Wirkungen von Insulin?**
   - a) Insulin schleust den Blutzucker in Muskeln und Fettgewebe. ☒
   - b) Insulin baut das Fettgewebe auf. ☒
   - c) Insulin fördert die Zuckerausscheidung in der Niere.
   - d) Insulin fördert die Zuckerspeicherung als Glykogen in der Leber. ☒

2. **Wie wirkt sich körperliche Aktivität auf den Blutzuckerspiegel aus?**
   - a) Sie senkt ihn. ☒
   - b) Sie lässt ihn ansteigen.
   - c) Sie beeinflusst ihn nicht.

3. **Welchen Nutzen haben die Ballaststoffe für den Diabetiker?**
   - a) Sie senken den Blutzuckerspiegel. ☒
   - b) Sie fördern die Verdauung. ☒
   - c) Sie fördern die Durchblutung.

4. **Welche Lebensmittel und Getränke enthalten keinen für Diabetiker nachteiligen Zucker?**
   - a) Eis, Honig, Limonade,
   - b) Brot, Kartoffeln, Milch, ☒
   - c) Hülsenfrüchte.

5. **Wann ist Zucker im Urin?**
   - a) Wenn der Blutzucker niedrig ist.
   - b) Nie, weil die Niere keinen Zucker ausscheiden kann.
   - c) Wenn der Blutzucker ansteigt. ☒

6. **Wie behandelt man eine Hypoglykämie?**
   - a) Man beachtet sie am besten nicht.
   - b) Man isst Wurst und Käse.
   - c) Man isst so viel Zucker wie möglich.
   - d) Man trinkt Fruchtsaft oder isst ein Stück Obst oder 2 bis 3 Zuckerstücke. ☒

7. **Wie hoch sollte der Blutzucker bei einem Diabetiker Typ II 60 Minuten nach einer Mahlzeit höchstens sein?**
   - a) 120 mg/100 ml ☒
   - b) 160 mg/100 ml
   - c) 300 mg/100 ml
   - d) 200 mg/100 ml

8. **Welche Risikofaktoren führen zu Gefäßerkrankungen?**
   - a) Zigarettenrauchen, ☒
   - b) hoher Blutdruck, ☒
   - c) Diabetes mellitus, ☒
   - d) Eustress beim Sport.

9. **Welche Berufe sind für Diabetiker nicht geeignet?**
   - a) Pilot, Busfahrer, Kaminkehrer, ☒
   - b) Arzt, Arzthelfer,
   - c) Gärtner, Schuster, Schmied.

10. **Welche Lebensmittel sollten übergewichtige Diabetiker meiden?**
    - a) Die viel Eiweiß enthalten.
    - b) Die Ballaststoffe enthalten.
    - c) Die Zucker und reichlich Fett enthalten. ☒
    - d) Die Alkohol enthalten. ☒

11. **Welche Lebensmittel enthalten reichlich Ballaststoffe?**
    - a) Kartoffeln und Vollkornbrot, ☒
    - b) Gemüse und Obst, ☒
    - c) Fleisch und Fisch,
    - d) Hülsenfrüchte. ☒

12. **Was kann der HbA$_1$-Wert, der beim Arzt gemessen wird, angeben?**
    - a) Ob die Fettwerte normal sind.
    - b) Ob die Sehschärfe noch gut ist.
    - c) Ob Spätschäden vorliegen.
    - d) Ob der Blutzuckerwert in den letzten Wochen im Normalbereich lag. ☒

13. **Was ist häufig das erste Anzeichen für eine Nierenschädigung?**
    - a) Ein erhöhter Fettspiegel im Blut.
    - b) Der Nachweis von Eiweiß im Urin.
    - c) Ein niedriger Blutdruck. ☒
    - d) Zucker im Urin.

14. **Welche der genannten Untersuchungen gehören zur Vorsorge gegen diabetische Spätkomplikationen?**
    - a) Untersuchung des Magensaftes,
    - b) Spiegeln des Augenhintergrundes, ☒
    - c) EKG, ☒
    - d) Harnstatus, ☒
    - e) Tasten des Pulses an den Beinen. ☒

8.22 Englische Lebensmittelbezeichnungen

Datum:

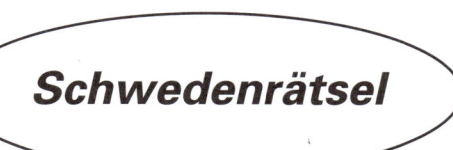

Schwedenrätsel

1. *Suche in dem Rätsel nach 45 englischen Begriffen zum Thema Lebensmittel.*
2. *Schreibe die Begriffe alphabetisch auf einen Zettel.*
3. *Ermittle die Bedeutung unbekannter Begriffe.*
4. *Schreibe die Begriffe geordnet in die Abschnitte des Ernährungskreises.*

B	Z	A	L	R	N	U	T	S	Y	R	B	E	A	N	T	E	Z	K
I	U	K	S	A	H	K	A	H	A	Z	N	G	I	J	G	E	H	L
T	U	S	H	G	F	J	Z	E	G	W	Y	O	A	I	F	O	E	V
E	G	A	S	U	A	S	P	R	I	C	E	C	T	F	D	E	W	S
W	Y	A	J	S	W	A	L	N	U	T	K	S	O	T	A	M	O	T
H	R	V	E	G	E	T	A	B	L	E	S	E	G	G	I	T	B	K
E	R	C	R	E	T	T	U	B	T	R	Y	E		B	R	E	A	D
A	E	H	E	O	I	L	B		N	X	Z	B	R	S	Y	T	W	B
T	B	E	E	F	A	P	P	E	G	L	V	Y	E	P		E	X	W
	W	E	D	G	A	O	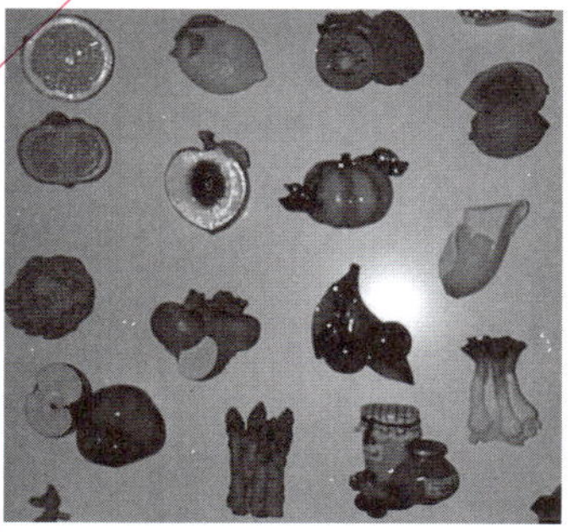					T	T	I	P	X	C	S
F	A	S	A	C	T	J						M	A	H	R	C	E	A
L	R	E	Z	A	M	T						I	W	C	O	C	R	L
O	T	U	T	E	E	U						L		H	D	L	E	A
U	S	O	S	M	N	O						K	L	I	U	S	A	D
R	E	F	H	X	I	R	C	B	S	K	H	N	A	C	C	T	L	M
S	W	R	N	N	R	T	A	A	Z	W	A	K	R	K	T	I	S	F
D	Q	U	A	B	A	A	B	F	O	V	D	J	E	E	S	U	H	I
M	P	I	K	O	G	T	B	B	M	X	P	Q	N	N	W	C	S	S
X	U	T	W	S	R	S	A	E	R	K	J	P	I	J	C	S	A	H
F	O	O	D	A	A	A	G	T	T	A	E	M	M	N	I	I	E	F
A	P	F	C	L	M	P	E	D	R	I	N	K	S	F	R	B	P	L
K	K	C	R	M	I	L	P	O	R	K	Y	C	Y	W	A	O	D	D
C	B	H	C	O	L	R	F	I	B	R	E	U	Q	K	M	T	C	W
Y	W	P	I	N	E	A	P	P	L	E	P	O	R	R	I	D	G	E